Gerda Zottmaier

Es geschah in Heiliger Nacht

Advents- und Weihnachtsgeschichten

SCM Hänssler

SCM

Stiftung Christliche Medien

FSC
www.fsc.org
MIX
Papier aus verantwor-
tungsvollen Quellen
FSC® C006701

5., leicht gekürzte Auflage 2013

Dieser Titel erschien zuletzt als Taschenbuch unter der ISBN 3-417-20613-8.

© der deutschen Ausgabe 2013
SCM Hänssler im SCM-Verlag GmbH & Co. KG • 71088 Holzgerlingen
Internet: www.scm-haenssler.de • E-Mail: info@scm-haenssler.de

Umschlaggestaltung: Kathrin Retter, Weil im Schönbuch
Titelbild: shutterstock.com
Satz: typoscript GmbH, Walddorfhäslach
Druck und Bindung: CPI – Ebner & Spiegel, Ulm
Gedruckt in Deutschland
ISBN 978-3-7751-5477-2
Bestell-Nr. 395.477

Inhalt

Vorwort

Weil ich 25 Jahre lang zu jedem Weihnachtsfest für die Feier am Heiligen Abend im Kreise von Gästen und Heimbewohnern eine Weihnachtsgeschichte brauchte, die mit einem ganz bestimmten Gedanken zum tatsächlichen Geschehen in jener Heiligen Nacht die Zuhörer durch die gemeinsamen Weihnachtstage begleiten sollte, hatte ich bald eine umfangreiche Sammlung an Weihnachtsliteratur, die jährlich größer wurde.

In jedem Jahr aber war ich erneut enttäuscht, wie viele Geschichten ich zuerst lesen musste, um für meine Christnachtfeier eine zu finden, die meinen Gästen nicht lediglich den Zauber von gemütvoller Weihnachtsatmosphäre schenken konnte, von Schnee und Kerzenschein, sondern unter echtem Bezug zum Wunder von Bethlehem den Weg zu einer Begegnung mit dem Menschenkind gewordenen Gottessohn und Erlöser.

Meine unter diesem Gesichtspunkt gefundenen Weihnachtsgeschichten sind in diesem Buch gesammelt und wollen vielen das lange Suchen für das Programm der nächsten Feier ersparen. Weil ich weiß, dass man beim Vorlesen eine bestimmte Zeitdauer nicht überschreiten darf, habe ich einige Geschichten gekürzt.

Da ich immer wieder erlebte, welch eine wichtige Rolle der wesentliche Gedanke einer ausgewählten Geschichte für die Gemeinschaft der Feiernden in den folgenden Festtagen spielt, kann ich nur empfehlen, dass man unter dem gleichen Gesichtspunkt jede von den Geschichten dieses Buches verwendet, die man nach der thematischen Aufteilung aussuchen kann.

Und weil man für jede Weihnachtsfeier auch Gedichte und Zitate braucht, durften sie in diesem Buch nicht fehlen.

Ich erlebte es selbst, dass in unserer Gemeinschaft der Tod am Heiligen Abend nicht Halt machte; so nahm ich auch

Geschichten auf – wie die aus eigener Feder –, die man für die Christnachtfeier in einer solchen Situation braucht.

Aber auch zum Schmunzeln findet man Texte in dieser Sammlung.

Meinen besonderen Dank spreche ich allen Autoren und Verlagen aus, die bereit waren, ihren Anteil dazu beizutragen, dass diese Sammlung entstehen und erscheinen konnte.

Es ist mein Wunsch und meine Bitte, dass Gottes Segen den Gebrauch dieses Buches begleite!

Gerda Zottmaier

Und das tut, weil ihr die Zeit erkennt,
nämlich dass die Stunde da ist, aufzustehen vom Schlaf,
denn unser Heil ist jetzt näher als zu der Zeit,
da wir gläubig wurden.

Die Nacht ist vorgerückt,
der Tag aber nahe herbeigekommen.
So lasst uns ablegen die Werke der Finsternis
und anlegen die Waffen des Lichts.

Römer 13,11-12

Teil 1

Es geschah in Heiliger Nacht

Weihnachtslied

Die Nacht ist vorgedrungen,
der Tag ist nicht mehr fern.
So sei nun Lob gesungen
dem hellen Morgenstern!
Auch wer zur Nacht geweinet,
der stimme froh mit ein.
Der Morgenstern bescheinet
auch deine Angst und Pein.

Dem alle Engel dienen,
wird nun ein Kind und Knecht.
Gott selber ist erschienen
zur Sühne für sein Recht.
Wer schuldig ist auf Erden,
verhüll' nicht mehr sein Haupt.
Er soll errettet werden,
wenn er dem Kinde glaubt.

Die Nacht ist schon im Schwinden,
macht euch zum Stalle auf!
Ihr sollt das Heil dort finden,
das aller Zeiten Lauf
von Anfang an verkündet,
seit eure Schuld geschah.
Nun hat sich euch verbündet,
den Gott selbst ausersah!

Noch manche Nacht wird fallen
auf Menschenleid und -schuld.
Doch wandert nun mit allen
der Stern der Gotteshuld.
Beglänzt von seinem Lichte,
hält euch kein Dunkel mehr.
Von Gottes Angesichte
kam euch die Rettung her.

Jochen Klepper

Der Gang zur Christmette

In dem Jahr, in dem das geschehen ist, was ich jetzt erzählen will, hat es Schnee genug gegeben. In den Bergen ist er schon im November liegen geblieben, und in der Woche vor den Feiertagen ist er gefallen, lautlos, in dicken Flocken, fast ohne Aufhören.

Wir drei Brüder sind zeitig aufgebrochen, am 24. Dezember früh, und am Abend sind wir unverhofft rasch in Hintertaxenbach gewesen.

Das kleine Dorf, holzbraun, fast schwarz unter den riesigen Hauben von Schnee, hat sich am Berg hingeduckt, der in steilen, fast waldlosen Randstufen gegen Südwesten das Tal abschließt. Nur das Gasthaus ist stattlicher gewesen und aus Stein gebaut.

Der Wirt hat es sich nicht nehmen lassen, uns dreien ein Staatszimmer im ersten Stock einzuräumen. Er selber hat auf der Rückseite des Hauses gewohnt, behaglich warm, in zwei Stuben, aus deren einer uns der bunte Schimmer eines altmodisch und überreich geputzten Christbaumes begrüßt hat. Wir haben dann droben unsre noch immer feuchten Überkleider aufgehängt, die Rucksäcke ausgepackt und es uns so bequem wie möglich gemacht. Danach sind wir in die Gaststube zurück und haben gegessen und uns schließlich noch eine Weile über den Schnee unterhalten. Der Wirt, nur noch flüchtig am Tisch stehend, hat uns erzählt, wie Jahr um Jahr die Lawinen sich ihre Opfer holen, die kleinen Holzhäuser und Ställe überrennend, Fuhrleute mit Ross und Wagen in die Tobel reißend, wenn die Berge in Aufruhr kommen und die schweren Schlaglawinen niederbrechen und sich polternd bis in die Gassen des Dorfes wälzen.

Ein Wort hat das andre gegeben, wir haben auch noch allerhand Erlebnisse berichtet, von Schneebrettern und Eisbrüchen, lauter Dingen, die scheußlich zu erleben sind, aber gut zu erzählen, wenn man noch einmal davongekommen ist. Und zum Schluss haben wir den Wirt gefragt, ob er, seiner Erfahrung nach, auch jetzt, im Frühwinter, eine Lawine für möglich halte.

Der Wirt schüttelte den Kopf und sagte:

»Bis ins Dorf herein wird wohl keine kommen! Aber«, sagt er und rundet das Gespräch mit einem Scherz ab, »bei Weibern und andern Naturgewalten weiß man nie, was sie vorhaben.« Und, eine gute Nacht wünschend, fragt er, mehr beiläufig, ob die Herren vielleicht mit in die Christmette gehen möchten, nach Kaltenbrunn. Um halb elf Uhr würde aufgebrochen, denn eine Stunde Wegs müsste man bei dem Schnee schon rechnen.

Es ist jetzt erst auf neun Uhr gegangen, aber ich bin, wie das so oft kommt, auf einmal bleiern müde gewesen. Meine Brüder haben nach kurzem Zögern zugesagt, sie haben die anderthalb Stunden noch aufbleiben wollen, und wie ich mich nun angeschickt habe, hinaufzugehen und mich schlafen zu legen, haben sie mich einen Schwächling gescholten und einen faden Kerl, der keinen Sinn für Poesie hat. Aber ich habe trotzdem nein gesagt. Und meinen Schutzengel, sagt’ ich, will ich ihnen mitgeben, zum Schlafen brauch ich ihn nicht, und es ist dann einer mehr zum Hallelujasingen.

Vielleicht hätten meine Brüder gelacht und das lästerliche Wort wäre so ohne Wirkung geblieben, wie es im Grunde gemeint war. Doch der Wirt hat einen roten Kopf gekriegt, er hat ein feindseliges Gesicht gemacht und hat nachdrücklich gesagt, dass der Herr seinen Schutzengel so leichtsinnig in Urlaub schicke, möchte ihn am Ende gereuen. Halten zu Gnaden, sagt er, aber so was höre er ungern. Und ist ohne Gruß hinausgegangen. Nun ist die Stimmung verdorben gewesen, und wie ich jetzt, als Säckelmeister, unwirsch nach der Kellnerin rufe, um zu zahlen, erhebt keiner Einspruch. Sie lassen mich gehen, ohne Vorwurf, aber auch ohne Trost; und dass ich dem alten Mann innerlich Recht geben muss, dass ich selber nicht weiß, warum ich so dumm dahergeredet habe, ist bitter genug, um mir das Herz bis zum Rand zu füllen. Ich bin droben noch eine Weile in der Finsternis am offenen Fenster gestanden und habe mit mir gehadert. Die stille Heilige Nacht hat über dem lautlosen Tal gefunkelt, ein Licht, das von den Sternen gekommen ist, hat die weißen Tafeln des beglänzten Schnees und die bläulichen Schatten der Dunkelheit mit einem wunderlichen Feuer umspielt, und ich habe, wie es in seltenen Augenblicken geschieht, durch die Landschaft hindurch weit in mein Leben und ins Wandern der Planeten gespäht, viele Gestalten, verhüllt und schwer zu deuten, haben mich mit Traumesgewalt sprachlos angeschaut, und der Himmel hat mir erlaubt, das törichte und vermessene Wort zu vergessen. Ich bin dann versucht gewesen, doch noch hinunterzugehen und zu sagen, dass ich mitkommen wollte in die Christmette. Aber ich habe den Mut zu dem ersten, schweren Schritt nicht gefunden, und das Gute ist ungetan geblieben.

Es ist gewesen, als wäre ein Sausen in den Sternen, aber es hat wohl nur der Schnee leise gebraust und gesotten, der die Luft ausgestoßen und sich gesetzt hat. Morgen würde ein strahlender Tag werden.

Ich habe das Fenster geschlossen und mich ausgezogen und in eins der großen wiegenden Betten gelegt. Zuletzt habe ich noch die Berge gesehen, steil und schwarz drohend im Viereck des Fensters. Ich habe weinen wollen, nachträglich wie ein gescholtenes Kind, aber da bin ich schon eingeschlafen.

Eiskalt rührt es mich an; traumtrunken haue ich um mich: Blödsinn!, will ich lallen, aus tiefem Schlaf tauche ich rasend schnell empor. Die Brüder, denke ich, Schnee, rohe Bande. Und ehe ich wach bin, höre ich rumpelnden Lärm, das sind die Brüder nicht! Das Fenster klirrt, ein Stoß geht durchs Haus, ein Schwanken und Fallen, ein Knistern und Fauchen. Ein geisterhaft weißer Hauch schießt herein, kein Hauch mehr, ein knatterndes Vorhangtuch, Sturm. Die Fenster platzen auf. Sturm, denke ich, noch immer nicht wach, Schneesturm? Aber da peitscht es schon herein, wilde, weiße, wogende Flut: Schnee – Schnee! Ins Zimmer, ins Bett, ins Hemd, ins Gesicht, in die Augen, in den Mund – ich schreie, fahre auf, ich wehre mich. Und jetzt erst, wo es wie mit nassen Handtüchern auf mich einschlägt, begreife ich: die Lawine! Im gleichen Augenblick ist es auch schon vorbei. Nur noch ein Seufzen geht durch das Zimmer, es ist, als schwände eine weiße wehende Gestalt. Von drunten höre ich es dumpf poltern, und noch einmal bebt und ächzt das Haus. Dann ist es dunkel und still.

Ich bin jetzt ganz wach. Eine heiße Quelle von Angst schießt aus mir heraus. Ich habe das Gefühl, als ob bärenstarke Männer auf meiner Brust knieten und mich an Armen und Beinen hielten. Ich versuche, mich loszureißen, ich bekomme eine Hand frei, ich wische mir übers Gesicht, ich spucke den Schnee aus dem Mund. Ich bin völlig durchnässt, ich schlottre vor Kälte und glühe zugleich vor Anstrengung, mich aus der Umklammerung dieser unbarmherzigen Fäuste zu befreien. Es gelingt, Glied um Glied, der linke Fuß ist wie in Gips eingeschlossen, ich zerre ihn mit beiden Händen heraus, des Schmerzes nicht achtend. Ich krieche aus dem Bett, ich tappe im Finstern mit bloßen Füßen. Ich taste die Gegenstände ab, mit unbeholfenen, erstarrenden Händen, aber die Unordnung verwirrt mich noch mehr, ich kenne mich überhaupt nicht mehr aus; es ist in einem vertrauten Raum schon schwer, Richtung zu halten, aber hier erst, zwischen umgestürzten Stühlen und queren Tischen, eingemauert im Eis, mit nackten Füßen im zerworfnen, glasharten Schnee!

Ich nehme mich plötzlich zusammen, ich sage laut vor mich hin: Nur Ruhe!, und ich kämpfe meine Erregung nieder. Ich werde doch eine Zündholzschachtel auftreiben! In der Rocktasche ist eine, im Rucksack. Ich wandere also wieder im Zimmer herum, meine Füße schmerzen, es ist nirgends die Spur von einem Kleidungsstück oder von einem der drei Rucksäcke. Aber den

Türgriff habe ich unvermittelt in der Hand. Ich drücke ihn nieder, ich rucke und reiße. Oben geht wippend ein Spalt auf, aber unten weicht die Tür nicht einen Zoll.

Ich fange an scheußlich zu frieren, ich kann kaum noch stehen. Aber es ist wenigstens nicht mehr so undurchdringlich finster, die Augen gewöhnen sich an die Nacht, ich sehe gegen das matte Viereck des Fensters den grau geballten Schnee und die schwärzlichen Umrisse der durcheinandergeworfenen Möbel. Ich stolpere also gegen den blassen Schein, und schon fahre ich mit der ausgestreckten Hand in die Glasscherben. Ich blute. Ich heule aus Verzweiflung, so herumzulaufen wie ein blinder Maulwurf. Und mit einem Mal wird mir klar, dass meine Lage weit ernster sein kann, als ich es bedacht habe. Ich weiß ja nicht, wie viel Uhr es ist. Es kann elf Uhr sein, und die andern sind ahnungslos auf dem Weg in die Mette. Oder ist es schon gegen Morgen – und die Lawine hat die Heimgekehrten in der Gaststube drunten überrascht, und sie sind schon tot, während ich hier oben auf ihre Hilfe warte?

Ich überlege, ob ich schreien soll. Es hat wohl keinen Sinn. Wenn niemand die Lawine wahrgenommen hat, dann hört auch keiner mein Rufen. Aber ich will doch nichts unversucht lassen. So wunderlich es klingen mag, ich muss erst eine drosselnde Beschämung überwinden, ehe ich mich richtig zu schreien getraue. Dann tut es freilich gut, die eigene Stimme zu hören. Ich rufe sechsmal, wie es die Vorschrift ist; dann schweige ich und horche. Lautlose schwarze Stille. Der Vers fällt mir ein und geht mir nicht mehr aus dem Kopf: »Wie weit er auch die Stimme schickt, nichts Lebendes wird hier erblickt!« Das ganze Gedicht rast in wirbelnden Fetzen durch mein Hirn, ich ärgere mich, es nützt nichts. »So muss ich hier verlassen sterben«, geht es weiter im Text. Ich bin nahe am Weinen und lache zugleich, ich setze zu neuem Rufen an – da höre ich irgendwoher aus dem Hause eine Uhr schlagen. Nie habe ich so bang auf einen Uhrenschlag gelauscht: eins, zwei, drei – vier! Und dann voller und tiefer: Eins – zwei. Und jetzt vernehme ich rufende Stimmen und sehe den huschenden Schein von Laternen draußen über den Schnee gehen. Meine Brüder haben mir später erzählt, dass ich immer wieder gebrüllt hätte: »Eine Lawine, eine Lawine!« Als ob sie es nicht selber gesehen hätten, was geschehen war.

Sie sind dann von rückwärts ins Haus gedrungen und haben die Tür eingeschlagen. Ich habe meinen älteren Bruder noch mit erschrockenem Gesicht auf mich zukommen gesehen, dann hat mich das Bewusstsein verlassen.

Wie ich wieder aufgewacht bin, da lag ich auf Kissen und Decken in der Stube des Wirts, und am Christbaum haben die Kerzen gebrannt. Das ist freilich nur so gewesen, weil das elektrische Licht nicht gegangen ist, aber für mich hat es doch eine tiefe und feierliche Bedeutung gehabt. Meine Brüder sind besorgt und doch lächelnd dagestanden, und jetzt ist auch der Wirt mit einem Krug heißen Weins gekommen. Ich habe wortlos getrunken und bin gleich wieder eingeschlafen.

Am Vormittag bin ich dann überraschend munter gewesen, nur meine Füße haben mir wehgetan und die Hand, die ich mir mit den Glasscherben zerschnitten habe. Ich bin in allerhand drollige Kleidungsstücke gesteckt worden, und wir haben lachen müssen über meinen wunderlichen Aufzug. Meine eigenen Sachen sind noch im Schnee vergraben gewesen.

Beim Frühstück, das zugleich unser Mittagessen war, denn es ist schon spät gewesen, ging es dann ans Erzählen. Ich habe zu meiner Überraschung gehört, dass zwischen dem Losbruch der Lawine und der Heimkehr meiner Brüder kaum mehr als eine Viertelstunde gelegen ist. Die Pilger haben, fast schon bei den ersten Häusern des Dorfes, einen wehenden Schein gesehen, gleich darauf einen heftigen Luftschlag gespürt und später noch ein dumpfes Poltern gehört. Sie haben daraufhin wohl ihre Schritte beschleunigt, aber keiner, auch der Wirt nicht, hat sich denken können, dass die Lawine so stark gewesen ist, wie sich nachher gezeigt hat.

Nach dem Essen haben wir die Verwüstungen angeschaut, die die Schneelawine angerichtet hat. Im Erdgeschoss sind die Räume gemauert voll Schnee gestanden. Vom Gesinde, das hier geschlafen hat, wäre nicht einer lebend davongekommen. Sie sind aber alle in der Christmette gewesen. Im ersten Stock waren die Fenster eingedrückt, oft mitsamt den Fensterstöcken. In manche Zimmer hat man von außen bloß mit einer Leiter einsteigen können. Der Schnee, der leichte Schnee, der wie ein Geisterhauch hereingeweht ist, jetzt ist er zu Eis gepresst gewesen, der Luftdruck hat ihn mit Gewalt in alle Winkel geworfen.

Wir haben von dem geschwiegen, was uns zuinnerst bewegt hat. Wir haben sogar gescherzt, wie wir unsere Kleider und unsere Habseligkeiten aus dem Schnee gescharrt haben. Am Nachmittag sind wir dann talaus gewandert, der Wirt war in seinen Räumen beschränkt, ihm ist nur die leidliche Rückfront seines Hauses geblieben.

Wie wir zu ihm getreten sind, um nach unserer Schuldigkeit zu fragen und um Abschied von ihm zu nehmen, hat er grade eine Scheibe in den Rahmen gekittet. Er hat angestrengt auf seine Arbeit geblickt, wohl nur damit er mich nicht noch einmal hat anschauen müssen. Fürs Übernachten, sagte er mit brummigem Humor, könnte er billigerweise nicht was verlangen, denn übernachtet hätten wir ja wohl nicht. Aber wenn einer der Herren einen Batzen Geld übrig hätte, könnte er gern was in den Opferstock von Kaltenbrunn legen, zum Dank, dass der Herrgott in der Christnacht so viele Engel unterwegs gehabt hat: Ein gewöhnlicher Schutzengel hätte vielleicht nicht genügt diesmal.

Er ist dann weggegangen, eh wir ihm die Hand geben konnten.

Eugen Roth

Der du die Welt geschaffen hast,
kommst Jahr um Jahr, wirst unser Gast.

Und Jahr um Jahr heißt's überall:
für uns das Haus, für ihn den Stall.

Und Jahr um Jahre führt der Pfad
von Bethlehem zur Schädelstatt.

Der Jahr um Jahr ihn kundgetan,
begreift der Engel Gottes Plan?

Begreift der Wirt, ihm kommt zugut
des fremden Gasts vergossen Blut?

Begreife, wer begreifen kann.
Wir knien im Staub, wir beten an.

Rudolf Alexander Schröder

Der Letzte von der Einigkeit

Sie werden verstehen, dass ich nicht gerade zum Himmel empor-gejubelt habe, als der vermischte Doktor mich am ersten Weih-nachtstag anrief, kurz nach 22 Uhr, und mir eröffnete, ich müsse am nächsten Morgen im Krankenhaus zu Esens einen Steuer-mann namens Leiss besuchen, der sich mit seinem Küstenmotor-schiff zwischen Langeoog und Baltrum ein tolles Stück geleistet habe. Der vermischte Doktor macht die Seiten »Unterhaltung und Vermischtes« bei unserer Zeitung. »Vermischtes« bedeutet Mord und Totschlag. Das kennen Sie ja. Deshalb heißt er so. »Der Kahn ist bei Windstärke 9 gekentert«, sagte er, »heute Mittag, heißt, glaube ich, Einigkeit. Der Kapitän und der Junge sind über Bord gegangen. Steuermann Leiss hatte Freiwache und wurde im Logis eingeschlossen. Nach drei Stunden hat die See den Kahn auf eine Sandbank vor Langeoog geworfen. Dann ist ein Hubschrauber von der Bundeswehr gekommen, hat den Mann herausgeholt und nach Esens ins Krankenhaus gebracht. Direkt vor die Haustür. Und nun sehen Sie mal zu, wie Sie die Sache in den Griff kriegen. Da sitzt nämlich Musik drin. Wenn Sie sich heranhalten, können Sie mir Ihren Bericht bis 18 Uhr auf den Schreibtisch legen. Mit Bild. Alles klar?«

Natürlich war alles klar. Was sollte ich machen? Dabei war gar nichts klar.

Übrigens: Nadolny ist mein Name. Bastian Nadolny. Wir wollten am zweiten Weihnachtstag nach Lübeck, Lille und ich.

Als wir am anderen Morgen losfuhren, waren die Straßen leer. Trotzdem musste ich aufpassen, weil die Sturmstöße den Wagen wegdrückten. Mit Lille zu fahren ist wie Geburtstag haben. Sie benimmt sich genau so, wie eine Frau sich benehmen muss, wenn sie mit einem Mann im Auto fährt. Macht es mit ihrem bloßen

Dasitzen schon festlich. Sie nennt mich Bass, wegen Bastian und wegen meiner tiefen Stimme. Aber das gehört nicht hierher. Was hierher gehört, ist Folgendes: Im Krankenhaus von Esens sagte die Schwester mir, den Steuermann habe seine Frau gerade weggeholt.

»Lebendig?«, fragte ich.

Es habe so ausgesehen. Woher ich käme? Aus Bremen? Dann müsse ich ihnen begegnet sein. In einem kleinen Volkswagen. Vor zwei Stunden.

»Adresse?«, sagte ich.

Sie hatte die Adresse wahrhaftig da: Bremen, Kleine Meinkenstraße 17.

»Wissen Sie was, Schwester?«, sagte ich.

»Nein«, sagte sie.

»Ich wohne in der Sonnenstraße«, sagte ich. »Wenn ich um die Ecke biege, habe ich die Kleine Meinkenstraße gerade vor meiner Nase. Stattdessen fahre ich am heiligen zweiten Weihnachtstag geschlagene zwei Stunden durch Regen, Sturm und Dreck hierher. Zum Weinen. Warum ist er denn nicht hier geblieben?«

»Sowie er seine Stimme wieder fühlte, hat er mit seiner Frau telefoniert und nicht eher Ruhe gelassen, bis sie versprochen hat, ihn wieder nach Hause zu holen. Ich wünsche Ihnen eine gute Fahrt.«

Kurz vor 15 Uhr bogen wir in die Kleine Meinkenstraße ein. Nummer 17 war ein kleines, schmales Haus. Ehe wir klingeln konnten, wurde die Wohnungstür geöffnet. Ein Herr verabschiedete sich von Frau Leiss: »Ich habe ihn zwar erst einmal krankgeschrieben, aber Sie brauchen sich keine Sorgen zu machen. Auf jeden Fall sehe ich morgen früh noch einmal herein.« Der Arzt also. Wir ließen ihn vorbei und wandten uns Frau Leiss zu, die uns mit betonter Zurückhaltung musterte.

Steuermann Leiss lag auf dem Sofa. Er trug eine grüne, halb

zugeknöpfte Strickjacke über einem wollenen Hemd mit offenem Kragen. Als er uns erblickte, setzte er sich auf und schob die Füße unter den Tisch.

»Du sollst in die Zeitung, Alwin«, sagte Frau Leiss. »Sie wollen dich aufnehmen. – Entschuldigen Sie, Ihren Namen habe ich schon wieder vergessen.«

Ich sagte, sie müsse aber mit auf das Bild. Dann stellte ich mich und Lille dem Steuermann vor.

»Angenehm«, sagte er und erhob sich ein bisschen. »Leiss.«

Er sah erschreckend mager aus. Die lange, dünne Nase ging an der Spitze etwas nach oben. Ich fragte ihn, ob er schon etwas Neues von dem Kapitän und dem Jungen gehört habe. Dabei wies ich mit dem Kopf auf das Fernsehgerät, das auf der breiten Kommode neben einem spärlich geschmückten Tannenbäumchen stand.

»Nein«, sagte er, »sie haben nichts mehr darüber gebracht. Schon vergessen.«

»Wir vergessen Sie aber nicht«, sagte ich. »Und deshalb wollen wir erst einmal ein paar Aufnahmen von Ihnen machen. Wenn Sie erlauben. An die Arbeit, Fräulein!«

»Hol mal was zu trinken, Mutter!«, sagte der Steuermann. »Mögen Sie echten Genever, aus Schiedam?« Er sprach es wie Ss-chiedam aus.

»Ein Gläschen traue ich mir wohl zu«, sagte ich, »aber mehr nicht. Ich muss ja fahren.«

»Und das Fräulein?«

»Dasselbe«, sagte Lille, während sie den Belichtungsmesser vor die Brust des Steuermanns hielt. »Achteinhalb Schein. Wir nehmen am besten die chromatische Superanastigmat mit Blende 11 und Gummilinse.«

Lauter Unsinn. Sie hat keine Ahnung vom Fotografieren. Aber es klang so wunderbar unverständlich, dass Frau Leiss ein ergriffenes Gesicht machte. Unverständlichkeit bewirkt immer Hochachtung. Davon lebt heutzutage die Kunst.

Während der Aufnahmen kamen wir ins Gespräch über das Kentern und die Strandung der Einigkeit. Der Steuermann hatte sich mit dem neuen Kapitän, einem Hamburger, nicht verstanden. Schon bei der Ausreise waren sie aneinandergeraten. Und auf der Westerems noch mehr.

»Westerems«, sagte ich, »woher kamen Sie denn?«

»Von Delfzijl. Ich hielt es für unverantwortlich, mit dem kleinen Schiff in das harte Wasser hineinzugehen. Wir hatten nur vierzehn Tonnen Ladung im Raum. Tee und Seidenpapier. Aber mit dem Kapitän war nicht zu reden. Er wollte und wollte am ersten Weihnachtstag in Hamburg sein, und da gab es nichts. Gott mag wissen, was auf dem Spiel stand.« Als sie gegen Mitternacht von Delfzijl ablegten, hatte der Steuermann das Ruder. Der Kapitän ging zur Koje und der Junge auch. Bei wachsendem Westnordweststurm und auflaufendem Wasser schlingerte die Einigkeit die Westerems hinunter, immer am Tonnenstrich entlang. Querab von Borkum traf sie das Wetter mit voller Gewalt. Der Steuermann musste die Fahrt herabsetzen. Das war gegen 6 Uhr morgens. Kurz vor 7 Uhr weckte er den Kapitän, weil der Diesel nicht einwandfrei arbeitete. Dann aß er ein paar Scheiben Brot mit Speck, trank einen Schluck, zog die Gummistiefel aus und warf sich in die Koje. Im nächsten Augenblick war er in tiefe Bewusstlosigkeit gesunken.

Und dann kam es. Ein Gedonner kam und ein Brechen und eine sich drehende Finsternis. Er fiel irgendwohin. Die Einigkeit sank weg, fing sich und ruckte hoch.

Ja, was nun? Er stand schwankend da und stierte in die Dunkelheit. Wenn es mit rechten Dingen zugegangen wäre, hätte doch alles längst vorbei sein müssen. Aber die Einigkeit musste so schnell gekentert sein, dass sie nicht hatte volllaufen können und dass sich eine Luftblase in der Kajüte gefangen hatte, die ihm das Atmen ermöglichte wie in einer Taucherglocke.

Wo mochten sie jetzt sein, das Schiff und er? Seine Armbanduhr zeigte ein Viertel nach 13 Uhr. Dann hatte die Flut schon eingesetzt. Dadurch verringerte sich die Gefahr, dass die Einigkeit auf die Schifffahrtsstraße geriet und von einem großen Pott vollends unter Wasser gedrückt wurde. Flut und Wind drängten sich gegen die Inseln. Das konnte die Rettung bedeuten. Hoffentlich hielt die Luft noch so lange vor.

Zuerst hatte ihm die Kälte am meisten zugesetzt. Aber mit der Zeit nahm die Einsamkeit überhand, sie quälte ihn noch mehr als die Kälte. So sehr, dass er ein paar Mal in Versuchung kam aufzugeben. »Ich habe keine weichmütige Natur«, sagte er, »das dürfen Sie mir glauben. Aber es war, als ob mir die Wände immer näher auf den Leib rückten in der Finsternis. Und ich hatte keine Hilfe und konnte nicht weg. Schön ist das nicht.« Er griff nach der Flasche. »Trinken Sie aus! Oder hätten Sie lieber ein Bier? Mutter, hol mal Bier aus dem Kühlschrank!«

»Nein, nein«, sagte ich. »Danke, ich darf ja nicht.«

Lille trank ihr Glas aus, zog es dann an sich und schüttelte den Kopf. »Ich danke auch. Aber ich möchte Sie wohl etwas fragen.«

»Fragen Sie nur, kleines Fräulein.«

Sie fasste wieder ihr Haar, so schräg von hinten, und schob es auf und ab. »Vorhin haben Sie gesagt, dass Ihre Armbanduhr noch ging.«

»Ging noch tadellos. Hier.« Er streckte ihr sein Handgelenk entgegen. »Hat keinen Tropfen durchgelassen.«

Lille schob noch immer ihr Haar auf und ab. »Ich wollte Sie fragen, ob Ihnen das Ticken, wenn Sie die Uhr ans Ohr hielten, und die Leuchtziffern, ob Ihnen die nicht wie etwas Lebendiges vorgekommen sind in der Finsternis.«

»Sieh mal an«, sagte der Steuermann. Er ließ den ausgestreckten Arm mit der Uhr auf dem Tisch liegen und richtete seine Augen auf Lille. »So war es tatsächlich. Wie kommen Sie darauf?«

»Ich hätte Sie gern gefragt«, fuhr Lille fort, »ob Sie – oder ich will einmal so anfangen.« Sie spielte mit ihrem Glas. »Wenn Menschen – es braucht sich nicht einmal um eine so furchtbare Lage zu handeln wie Ihre – ich meine, wenn Menschen in großer Not sind und nicht mehr aus noch ein wissen, dann, na ja, dann kommt manchmal etwas über sie.«

»Hm«, sagte der Steuermann.

»Na ja, zum Beispiel, dass sie anfangen zu beten.«

Der Steuermann sah vor sich hin, warf einen kurzen Blick auf Lille und sah dann wieder vor sich hin.

Schweigen. Ich räusperte mich leise. Wieder Schweigen.

Frau Leiss zupfte Lille am Ärmel ihres Pullovers und flüsterte ihr unter verstohlenem Nicken zu: »Er auch.«

Der Steuermann schien es nicht gehört zu haben, er atmete tief aus: »Ich jedenfalls nicht.« Dann zog er die Luft wieder ein.

»Das ist doch keine Schande, Alwin«, sagte Frau Leiss, »was du mir erzählt hast, ist doch keine Schande.«

»Ich habe ja gar nicht richtig. Alles Unsinn. Nur so – wie das so geht – man will es nicht, man hat ganz was anderes im Sinn, man denkt, wie man hier herauskommen soll. Und dann ist noch was anderes da, wie ein Gestöhn irgendwo innen. Kann keiner was gegen machen. – Aber dass Sie mir ja nichts darüber schreiben, sonst werde ich verdammt unangenehm.«

Ich wies seine Befürchtung mit beiden Händen zurück, zeigte auf Lille und erhob die Hände noch einmal.

»Außerdem war ja auch Weihnachten«, sagte Lille.

Frau Leiss stand auf. »Ach je, ich sollte dir ja … Du wolltest das ja noch nachlesen.«

Aber der Steuermann befahl ihr mit einer unwilligen Bewegung zu bleiben. »Jetzt doch nicht.«

Lille sah ihn an. Er fasste nach dem angebrochenen Tabakpäckchen und begann, sich die Pfeife zu stopfen. Als er fertig war, rauchte er schweigend vor sich hin. Ich überlegte, ob ich meinerseits etwas fragen sollte. Da fing er an zu sprechen.

»Nach zwei Stunden hatte ich nur noch verdammt wenig Hoffnung. Ich merkte, dass der Sauerstoff in der Luftblase abnahm. Meine Augen konnten die Leuchtziffern kaum noch erkennen vor Taumeligkeit. Zwei Stunden in der Finsternis sind eine lange Zeit, das kann ich Ihnen sagen. Da ist man nicht mehr für das verantwortlich, was einem durch den Kopf kommt. Und was kommt einem da nicht alles durch den Kopf! Weihnachtstag. Daran denkt man natürlich auch, ist ja verständlich. Christi Geburt. ›Und es ging ein Gebot vom Kaiser Augustus aus.‹ Ich versuchte, ob ich es noch zusammenkriegte. Gleich der Anfang kam mir nicht ganz richtig vor. Mit einem Male hatte ich es: ›Und es begab sich, dass ein Gebot vom Kaiser Augustus ausging.‹«

»›Zu der Zeit‹«, warf Lille ein.

»Sehen Sie! Nicht einmal jetzt kriege ich es zusammen. Und in der Finsternis schon gar nicht. ›Da machte sich auch auf Joseph aus Nazareth, der Stadt Davids.‹ Oder stimmt's wieder nicht?« Er wandte sich an mich. »Ich bin für so etwas nicht zuständig«, sagte ich.

Lille schüttelte den Kopf.

»Wahrscheinlich stimmt es nicht. Mir schummerte die ganze Zeit über, dass es nicht stimmte. Und schließlich gab ich's auf. Aber dann sagte ich mir, es könnte ja sein – ich sage ja, worauf verfällt man nicht alles, wenn man so ins Ungewisse treibt, in den Tod und in was für einen Tod! Und da machte ich eine Wette gegen das Schicksal: Wenn ich die Geschichte richtig zusammenbrächte, dann würde ich doch noch gerettet. Junge, was habe ich mir den Kopf zergrübelt, dass ich es in die Erinnerung kriegte. Aber ich erwischte immer nur einen Fetzen. ›Und sie gebar einen Sohn in der Krippe, denn es war sonst kein Platz in der Herberge, und wickelte ihn in Windeln und legte ihn in die Krippe, und die Engel verkündeten den Hirten: Ehre sei Gott in der Höhe und den Menschen ein Wohlgefallen.‹ So ungefähr. Ich weiß, dass es nicht stimmt, aber für mich stimmte es trotzdem. Ich hatte etwas, worauf ich meine Gedanken richten konnte, dass ich nicht unterging in der Finsternis, dass die Finsternis mich nicht unterkriegte.«

»Es gibt noch eine andere Weihnachtsgeschichte«, sagte Lille. »Und das Licht scheint in der Finsternis.«

»Mag sein«, sagte der Steuermann. »Ich kenne nur: ›Und es begab sich ein Gebot vom Kaiser Augustus.‹ Und das hat mich gerettet. Weil ich es nicht richtig konnte, hat es mich gerettet. Und darauf kommt es an.«

»Und die Finsternis hat's nicht begriffen«, fuhr Lille fort, aber so tonlos, dass es kaum zu verstehen war.

»Gerettet«, sagte ich, »obwohl Sie die Wette eigentlich verloren hatten. Hören Sie, Herr Leiss, das mit der Weihnachtsgeschichte würde ich aber doch gern bringen.«

»Auf keinen Fall«, sagte er.

»Schade«, sagte ich. »Und dann?«

»Ja, dann …« Er dehnte sich, indem er die Hand mit der Pfeife hochstreckte und mit der andern seinen Nacken rieb. »Kurz nach 16 Uhr kam der erste Stoß. Die Trümmer im Niedergang kreischten, im Laderaum rumpelte es, ich hielt den Atem an. Und da kam auch schon der nächste Stoß. Das Schiff saß auf Grund. Auf Grund, meine Herrschaften! Mit ungeheurer Wucht donnerte die Brandung darüber hin. Jeder Brecher lüftete es an und schob es ein Stück vor sich her. Und dann rollte einer heran, der es nicht weiterschob, sondern umdrehte. Wie wenn ein Riese sich mit seiner Schulter von unten dagegenstemmte und es umdrehte. Jetzt brauchte ich nicht mehr mit der Luft zu sparen. Ich pumpte mir die Lunge voll und tauchte nach dem Türknopf. Er war auch jetzt wieder unter Wasser. Ich drehte ihn um, und die Tür ging wahrhaftig auf, nicht weit, aber doch so weit, dass ich mich hindurchzwängen konnte. Das Eisengewirr und das zersplitterte Holz, die den Niedergang versperrt hatten, mussten sich beim Umdrehen verschoben haben. Ich kletterte hindurch. Gerade fegte wieder ein Brecher über Deck. Das Schiff lag auf einer Sandbank. Da drüben zogen sich die Dünen einer Insel hin. Aber zwischen der Bank und der Insel tobte und schäumte noch die See. Kein Gedanke, dass ich hinüberkonnte. Ich war steif wie eine Handspake. Hoffentlich merkten sie drüben, dass hier noch jemand am Leben war. Vorläufig ließ sich keine Seele blicken. Dabei hatten sie mich auf dem Beobachtungsturm der Seenotfunkstelle längst entdeckt. Aber das wusste ich ja nicht. Der Rettungskreuzer Langeoog war schon ausgelaufen und wollte versuchen, mich von See aus zu erreichen. Die Insel hieß also Langeoog. Und da kamen sie endlich über die Dünen und am Strand entlang, die Inselbewohner. Sie winkten, und ich winkte zurück. Ich verstand nicht, dass sie mich auf den Rettungskreuzer hinweisen wollten. Er kam nicht heran, die Brandung ging viel zu hoch. Schließlich forderten sie einen Hubschrauber von Ahlhorn an. Im Handumdrehen war er da. Er ließ eine Strickleiter hinunter, ich streckte den Arm hindurch und krallte mich fest mit meiner letzten Kraft. Dann hoben sie mich ein paar Meter an und orgelten mich erst zum Strand hinüber und dann nach Esens. Das Ganze dauerte keine Viertelstunde. Und nun sitze ich hier und freue mich meines Lebens.«

»Und ich freue mich, dass ich ihn bei mir habe«, sagte Frau Leiss. Sie stand auf, murmelte etwas vor sich hin und ging hinaus.

»Junge, Junge«, sagte ich, indem ich meine Notizen zusammenraffte, »da sitzt wirklich Musik drin. Und jetzt wird es höchste Zeit, dass ich an meinen Schreibtisch komme. Vielen Dank, Herr Leiss, und gute Tage, und dass Sie bald ein neues Schiff kriegen!«

»Wird schon werden.«

Lille verabschiedete sich mit einer kleinen Verbeugung.

»Wo ist Ihre Frau denn geblieben?«, sagte ich.

Frau Leiss rief durch die offene Tür, sie käme schon. »Hier ist es, Alwin.« Sie hatte ein schwarzes Buch in der Hand. »Du wolltest es doch nachlesen.«

»Jetzt nicht. Leg's irgendwohin.« Er wies mit dem Arm ins Ungewisse.

Frau Leiss brachte uns hinaus. Die Straßenlaternen brannten schon. Es fing wieder an zu schneien.

»Was wirst du nun schreiben?«, fragte Lille, als wir im Wagen saßen.

»Stoff genug. Viel zu viel. – Du fährst doch mit zu mir?«

Sie fasste in ihr Haar. »Vom Eigentlichen wird wieder einmal nicht gesprochen.«

»Darf ich ja nicht. Hat er mir doch ausdrücklich verboten. Und das ist sein gutes Recht. Leider.« Ich steckte den Zündschlüssel ins Schloss und ließ den Motor anspringen. »Außerdem will ich dir mal was sagen, Lille. Das Eigentliche ist außerdem schon nicht mehr das Eigentliche. Ist längst vorbei und abgetan. War nur, solange er in der Finsternis saß. ›Leg's irgendwohin.‹ Das kennt man doch.«

»Das kennt man doch«, wiederholte sie. Ihre Augenbrauen zogen sich gegen die Nasenwurzel zusammen.

»Was ist denn los, Lille?«

»Nichts. Bitte, nichts.«

»Ist es dir so schrecklich, dass der Mensch so ist, wie er ist?« Ihre Fäuste drehten sich auf dem Schoß gegeneinander.

Ein Flockenwirbel trieb durch die Helligkeit der Scheinwerfer. Ich fuhr langsam an.

Manfred Hausmann

Besuch in der Christnacht

Der böhmische Wind sauste übers Gebirge. Es war fast kein Wind mehr, eher ein Sturm, der die Hänge hinaufjagte, über die Grate sprang, die Bäume zauste und sich in die Täler stürzte. Winzige Eisnadeln trieb er vor sich her, die aus der Höhe kamen, und dazwischen brachte er trockenen Schneestaub und mehlfeinen Erdsand, den er sich auf den Äckern errafft hatte. Es lag wenig Schnee in den Tälern, und da der kalte Wind vom Osten seit ein paar Tagen umging, war die Schneedecke im offenen Gelände allenthalben zerrissen, und staubig graue Dünen wanderten in unablässigem Gerinnsel über Weiden und gepflügtes Land. Wahrhaftig, es war ein Wetter zum Daheimbleiben, und wenn nicht gerade der Heilige Abend gewesen wäre, dann hätte heut auch kein Mensch über die Schwelle treten mögen, aber so musste man zur Christmette gehen. Es würde ein harter Gang werden in dieser Nacht.

»Heut bleib ich daheim!«, sagte der Rauhwandner-Gregor, der Einödbauer, zu seinen Leuten, die ihn verwundert anschauten. So kannten sie ihren Bauern gar nicht. Der fürchtete sich doch sonst vor keinem Wetter, und die härteste Arbeit tat er allemal selber. Jeder hatte insgeheim gehofft, er dürfe daheim bleiben und das Haus hüten, und während die andern sich den Eiswind ins Gesicht blasen lassen mussten, könne er einmal seine Glieder pflegen und sich gütlich tun an den vielen schönen Dingen des Festes. Aber das half nun alles nichts. Was der Bauer sagte, das galt.

»Ich hatte gemeint, Vater«, sagte die Bäuerin fragend, »heut sollt ich einmal das Haus hüten?«

Aber der Bauer gab ihr ganz ruhig zur Antwort: »Nein, Mutter, das geht nicht. Heut muss ich daheim bleiben.«

Sie verstand ihren Mann wieder einmal nicht ganz, aber sie gab sich in seinen Willen. Der Knecht zündete die beiden Stalllaternen an, denn es war draußen kellerschwarz und stockfinster; Bäurin, Mägde und Töchter wickelten sich in ihre wollenen, langfransigen Umschlagtücher, dass nur Augen und Nase noch herausschauten, der Knecht und die Söhne legten sich den Mantel an und zogen die Kappen tief ins Gesicht, dann nahm jeder seinen Hakelstecken, an dem Türstock besprengten sie sich mit einem Tröpflein Weihbrunn, und dann gingen sie in die stürmisch-kalte Nacht hinaus.

Der Rauhwandner legte ein paar Buchenkloben auf die Herdglut, holte den berühmten Lederband, den sie alle in frommer Scheu nur »das lateinische Büchel« nannten, und setzte sich hinter den Tisch ins Eck unter das geschnitzte Heilandsbild.

Der Rauhwandner-Gregor war nicht zum Bauern bestimmt gewesen. Er war der Jüngste unter sieben Geschwistern, und da er einen hellen Kopf hatte, war er auf Betreiben des Pfarrers auf die Schulen geschickt worden, hatte überall seine Sache gut gemacht und sollte nun geistlich werden. Seine vier Schwestern hatten fortgeheiratet, und Thomas, der Älteste, sollte den Hof übernehmen. Ludwig, sein anderer Bruder, hatte über Nacht fortgemusst; soviel man wusste, war er nach Amerika gegangen und konnte nicht wiederkommen, weil ihm bei einer Rauferei das Messer ausgerutscht war und der Kramer-Franz an der Wunde hatte sterben müssen. Und nun, als Gregor das letzte Jahr auf die Studi ging, hatte der Thomas einmal beim Gsottschneiden nicht Acht gegeben und sich eine Fingerkuppe abgeschnitten. Er hatte sich die Wunde mit einem Sacktuche fest verbunden und hatte seine Arbeit weitergetan, als wenn nichts geschehen wäre. Da war der Brand in die Wunde gekommen, und nach einer Woche mussten sie ihn schon zum Friedhof tragen. Nun hatten sie den Gregor heimgeholt, und wenn er es gleich nicht wollte, musste er den Hof übernehmen.

Das alles war nun ziemlich lange her, und jetzt hatte er selber drei Buben und vier Töchter, die alle schon nicht mehr zur Schule gingen, sondern von früh bis zur Nacht mit im Hofe arbeiteten.

Der Bauer überflog noch einmal mit einem scharfen Blick die Stube, dann schlug er das Buch auf und begann zu lesen. Es war kein Zauberbuch, wie seine Nachbarn meinten, sondern die Heilige Schrift, die er in der lateinischen Ausgabe las, um die Sprache nicht zu verlernen. Er brauchte einige Zeit, bis er sich in das Evangelium von der Christgeburt vertieft hatte, denn es war eine geheime Unruhe in ihm, die Ahnung irgendeiner Gefahr, die seinem einsamen Hof drohte. Deswegen war er auch daheim geblieben, und nicht etwa, weil er das bisschen kalten Wind fürchtete.

Die Öllampe brannte mit rötlichem Licht über dem schweren Tische, der seit seines Großvaters Zeiten auf diesem Flecke stand. Das harte Holz knatterte im Ofen, und der Wind warf sich gegen die eisverblümten Fensterscheiben, die unter dem Anprall der zahllosen kleinen Eiskristalle unablässig leise klirrten.

Halblaut las er den uralten, ewig neuen Bericht von den Hirten auf dem Felde, da hörte er draußen vor dem Haus Schritte und gedämpfte Männerstimmen. Jetzt hantierten sie vorsichtig an der Tür. Sie nahmen wohl an, sie sei mit dem Eichenbalken versperrt. Als die Männer merkten, dass sie nur eingeklinkt war, schoben sie sich leise in den Hausgang und flüsterten miteinander.

Der Rauhwandner las unentwegt weiter und spannte zugleich mit allen Sinnen und Kräften. Also hatte er mit seiner Ahnung doch Recht gehabt! Es war nur gut, dass er selber daheim geblieben war. Er fürchtete sich nicht, aber die da kamen, die sollten sich noch fürchten!

Jetzt rissen sie die Stubentür auf und polterten herein. Es waren drei Männer, dick vermummt und mit schwarzen Tuchlarven vor dem Gesicht, und die beiden vordersten hielten ihr Gewehr im Anschlag.

Der Bauer las noch immer in singendem Flüstertone das Evangelium, und davon wurden die drei ganz verwirrt. Jetzt schaute der Rauhwandner von der Schrift auf und sah die drei Fremden mit einem Blick an, der ihnen bis ins Mark drang.

Ziemlich leise, aber mit einem Tonfall, der voller Gewalt war, sagte der Bauer: »Stellt eure Kugelstutzen hinten ins Eck!« Da gingen die Kerle zum Küchenkasten, die beiden ersten stellten ihre Flinten fort, und der dritte zog eine Pistole unter seinem Rock hervor und legte sie auf den Fensterstock. Der Bauer sagte: »Sitzts nieder auf der Bank, Kolterer, ein jeder auf eine Seiten!« Und die Kolterer, drei Brüder aus Wachelried, setzten sich willenlos am Tische nieder.

»Tut eure Masken herunter, Männer!«, sprach der Bauer wieder, »dass ich euch besser zuschauen kann.«

Und die drei Männer konnten sich nicht widersetzen und nahmen ihre Larven ab.

»Legt eure Händ auf die Tischplatte, Männer!«, sagte der Bauer. »Haltet euch stad, dass ich weiterlesen kann!« Und die drei Brüder legten gehorsam ihre Hände vor sich auf den Tisch, hatten die Augen weit aufgerissen und den Mund halb geöffnet und starrten den Rauhwandner an, der wieder eintönig und doch wie singend die Verse des Evangeliums in einer fremden Sprache zu lesen begann. Sie vernahmen die Worte wie eine Beschwörung aus weiter Ferne. Keiner konnte sich rühren. Sie waren blass geworden. Langsam entwich ihnen das Blut aus Gesicht, Händen und Füßen. Sie fröstelten und spürten mit Schaudern, wie eine eisige Kälte sie immer mehr durchdrang. Einmal machte der Kolterer-Peter in seiner Angst den Versuch, sich loszureißen, um zu entfliehen, aber da merkte er, wie er mit den Händen an der Tischplatte, mit den Füßen an der Diele festklebte und sich nicht bewegen konnte. Sie waren gebannt. Der lateinische Bauer hatte sie mit seinem Zauberbuche angefroren.

Sie waren in dieser Nacht, die wie keine andere zu Einbruch und Raub lockte, losgerückt, um den Rauhwandnerhof auszuplündern. Um diese Stunde war ja alles in der Christmette, und den einzelnen Menschen, der das Haus bewachte, hatten sie schon in Schach halten wollen, wenn es Not tat, mit Gewalt, vielleicht so, dass er niemals mehr jemandem ein Wort sagen konnte – und nun hockten sie hier im Einödhofe um den Tisch, mit abgestorbenen Gliedmaßen, geronnenem Blute und einer entsetzlichen Kälte im Herzen. Unablässig fielen die fremden Zauberworte des Bauern über sie und spannten sie mit eisernen Ketten fest.

Sie waren wach und doch wie im Schlafe, wussten nicht mehr, wie lange sie da saßen, wo sie waren und welche Stunde jetzt über die Welt ging, da hörten sie plötzlich zwischen versprengten Glockenrufen, die der Wind aus dem Pfarrdorfe herauftrug, die Stimme des Rauhwandners.

»Steht auf, Männer! Die Christmetten läutet man aus!« Sie konnten sich wieder rühren, aber es war ein Krampf in ihren Gliedern, denen langsam wieder das Blut zuflog, und sie mussten sich an der Banklehne festhalten, sonst wären sie hingestürzt.

Was würde der lateinische Bauer jetzt mit ihnen machen? Er hatte sie ja völlig in seiner Gewalt. Ob er sie der Polizei auslieferte oder sie von seinen Söhnen erschlagen ließ? Da hörten sie ihn wieder:

»Eure Kugelstutzen lasst da, Männer, damit ihr nicht wieder in Versuchung fallt! Und jetzt schauts, dass ihr weiterkommt, alle drei, dass euch die Mettenleut nicht sehen!«

Sie taumelten zur Tür, durch den Hausgang, ins Freie. Sie waren immer noch halb willenlos und von dem Zauber befangen, und auch der eisträchtige Wind, durch den jetzt aus den Dörfern das Lärmen und Krachen des Christkindelschießens tönte, weckte sie nicht völlig auf. Traumwandlerisch tappten sie dem Gangsteige nach, der ins Tal führte, wo sie dann den Fahrweg nach ihrem fernen Dorfe finden konnten. Plötzlich peitschte hinter ihnen ein Schuss, und dieser Knall band sie los, dass sie wach wurden und zur Besinnung kamen. Schoss jetzt der Rauhwandner hinter ihnen drein? In wilder Flucht rannten sie bergein. Es knallte wieder, und noch ein drittes Mal. Dann war es bei der Einöd wieder still. Der Bauer hatte nur ihre Flinten und die Pistole leer geschossen. Dann verschloss er die drei Waffen in dem alten Mauerkasten, zu dem nur er den Schlüssel besaß. Er erzählte auch keinem Menschen ein Wort von dem Besuche in der Christnacht und war nur an den Feiertagen noch schweigsamer als sonst.

Johannes Linke

Weihnachten ist für mich das Tor, vor dem ich alles ablegen kann, was mich in ungebührlicher Weise belastet, um dann hindurchzugehen als einer, der wieder offen ist für das, was seinem Leben den Sinn gibt: für das Wort Gottes, das ihm die Richtung weist, die er einschlagen soll, für seine Mitmenschen in ihren Freuden und Leiden, ihren Hoffnungen und Enttäuschungen. Für die Probleme der Welt, an deren Entschärfung er zu seinem Teil mitzuwirken berufen ist.

Weihnachten ist der Augenblick, in dem mir Gott am nächsten kommt. Meine Sache ist es, diesen Augenblick zu nutzen.

Hans Graf von Lehndorff

Selma, die Aufwartefrau

Obgleich der Pfarrer bereits einige Jahre in der Gemeinde gewohnt hatte, war er noch nie in der Hütte Selmas gewesen. Und doch lag diese in nächster Nähe des Pfarrhofes, am Hang des zum Flusse abfallenden Hügels.

Eine elendere Hütte konnte man sich schwerlich vorstellen. Wenn etwas die Bezeichnung »verfallen« verdiente, so jedenfalls die Hütte Selmas.

Selma selbst sah jedoch alles andere als verfallen aus. Sie war eine hoch aufgeschossene, vierschrötige Frau in den Sechzigern und hätte vielleicht ganz gut ausgesehen, wenn sie nur nicht so schlampig angezogen gewesen wäre. Sie glich einem wandernden Kleiderbündel. Man wusste eigentlich nie recht, was sie anhatte. Röcke und Jacken baumelten und schlotterten an ihren Gliedern, und das Haar hing ihr in zottigen Strähnen um das graue Gesicht.

Trotz ihres vernachlässigten Äußern flößte Selma doch stets einen gewissen Respekt ein. Die Kinder fürchteten sie, die Lehrer mieden sie, nur wenige besaßen den Mut, sie anzureden, und sie selbst suchte nie einen Menschen auf. Sie hatte die Fähigkeit, sich mit einem derartigen *noli me tangere* – lasst mich in Ruhe – zu umgeben, dass nicht einmal der Pfarrer, ihr nächster Nachbar, einen Besuch bei ihr gewagt hatte. Auch hatte er sie nie in der Kirche gesehen.

Niemand wusste, wer sie war, noch woher sie stammte. Seit Menschengedenken war sie Aufwartefrau* in der Schule gewesen. Die Eltern der heutigen Schulkinder erinnerten sich noch aus ihrer eigenen Schulzeit an Selma. Sie habe schon damals genauso ausgeschaut wie jetzt, behaupteten sie. Der Pfarrer hat-

---

* Regionale Bezeichnung für Reinigungskraft [Anmerkung des Verlags].

te auch nie in den Kirchenbüchern nach Selmas Herkunft geforscht. Geistliche sind in dieser Hinsicht selten neugierig.

Heute feierte der Pfarrer seine dritte Weihnacht in der Gemeinde. Er befand sich auf dem Heimweg von dem üblichen Besuch im Krankenhaus. Ein Gefühl großer Feierlichkeit bemächtigte sich seiner, während er im funkelnden Sternenlicht den Weg an der Uferböschung des Flusses entlangschritt. Die Lichter aus den Dörfern am jenseitigen Ufer glitzerten wie Perlenketten. Überall feierten die Leute Weihnachten. Jetzt tauchte die kleine Häusergruppe rings um den Pfarrhof vor ihm auf. Er gewahrte Licht hinter den Fenstern. Frau und Kinder harrten seiner, und er empfand ein dankbares Glücksgefühl, Weihnachten mit den Seinen feiern zu dürfen und für eine Weile seiner Amtspflichten ledig zu sein.

Doch gerade in dem Augenblick, da er diesen Gedanken nachhing, gelangte er an die zu Selmas Hütte hinabführende Wegkreuzung. Und wie immer, wenn er hier vorüberschritt, fiel ihm ein, dass er seine nächste Nachbarin noch nie besucht hatte. Er entsann sich des Wortes: »Die Armen sind stets unter euch.« Doch war Selma eigentlich arm? Dass sie es knapp hatte, daran war nicht zu zweifeln, aber sicher hatte sie genug zum Leben.

Dennoch beherrschte den Pfarrer das seltsame Gefühl, als ob Selma in geistlicher Hinsicht irgendetwas fehlen müsse. Sie gehörte zu jenen rätselhaften Menschen, die ein ernstes Geheimnis in sich bergen, ohne je Gelegenheit zu finden, die vielleicht schwerwiegende Bürde in vertraulichem Gespräch mit einem verständnisvollen Menschen von sich abzuwälzen.

Und nun fasste er seinen Entschluss. Er wollte eintreten und Selma begrüßen. Der Augenblick dafür hätte nicht geeigneter sein können als am Heiligen Abend, wo sie allein zu Hause weilte und in der ganzen Welt keinen Menschen hatte, der sich um sie gekümmert hätte. Doch vorerst ging er noch rasch in den Pfarrhof hinüber, um den Seinen mitzuteilen, dass sie noch eine

Weile warten müssten, ehe er Zeit fände, sich ganz seiner Familie zu widmen.

Die Kinder waren im Hausflur versammelt, wo sie auf sein Kommen warteten. Sie machten etwas lange Gesichter, als sie vernahmen, dass er noch einen Besuch vorhabe. Als seine Frau erfuhr, wem dieser Besuch gelten sollte, legte sie etwas Weihnachtsgebäck und Speisen in einen Korb, den der Mann mitnahm.

Im Flur vor der Kammertüre blieb der Pfarrer stehen. Die Hütte besaß anscheinend nur ein Zimmer. Er wiederholte sein Klopfen.

»Herein!«

»Guten Abend und gesegnete Weihnacht!«, grüßte der Pfarrer, indem er die Brillengläser trocknete.

Er erhielt keine Antwort. Aber nachdem er die Brille wieder aufgesetzt hatte und klar zu sehen vermochte, entdeckte er, dass sich in der Stube zwei Personen befanden. Die eine war Selma, die andere einer der Kirchenältesten.

»Nein, was sehe ich, der Kirchenälteste!«, sagte der Pfarrer und reichte Johannes As die Hand.

Dieser erhob sich zum Gruße.

»Schönen guten Abend, Selma. Ich bin gekommen, um frohe Weihnacht zu wünschen, und meine Frau bittet mich, einen Gruß zu bestellen. Sie hat mir etwas von unseren Weihnachtsspeisen mitgegeben.«

»Danke!«, erwiderte Selma kurz und ein wenig abweisend, wenn auch nicht gerade unhöflich. »Ich habe, was ich brauche, und wie der Herr Pfarrer sieht, hat der Kirchenälteste mir eine ganze Menge mitgebracht.«

»Ich muss zugeben«, meinte der Pfarrer überrascht, »dass das ein musterhafter Kirchenältester ist. Hier scheint der Pfarrer wahrhaftig nicht als Einziger derer zu gedenken, die am

Weihnachtsabend allein ohne Freunde und Verwandte sind. Ich habe beinahe das Gefühl, hier überflüssig zu sein.«

Kaum hatte der Pfarrer diese Worte geäußert, so fühlte er, dass sie mehr Wahrheit enthielten, als er selbst ahnte. Er hatte den Eindruck, dass seine Anwesenheit Selma und den Kirchenältesten nicht nur überraschte, sondern geradezu belästigte. Es war, als wünschten die beiden, er möge so rasch wie möglich verschwinden, ehe etwas gesagt werden oder geschehen könnte, was sie lieber ungesagt und ungeschehen lassen wollten.

Hätte der Pfarrer der Versuchung, sich dieser unangenehmen Situation zu entziehen, Folge leisten wollen, so hätte er ganz einfach Abschied nehmen und heimgehen können. Aber er hatte das Gefühl, dies würde einer Fahnenflucht gleichkommen. In diesem Falle wäre es um seinen Weihnachtsfrieden geschehen. Vielleicht lag auch ein höherer Sinn oder eine Führung dahinter, dass er gerade an diesem Heiligen Abend in Selmas Hütte eintreten und hier einen der Kirchenältesten hatte vorfinden müssen.

Und so tat er denn, was er bei seinen Hausbesuchen meistens zu tun pflegte: Er holte sein Gesangbuch hervor.

»Darf ich mit Selmas Erlaubnis einen Weihnachtspsalm singen, ehe ich gehe?«

Selma nickte. Sie saß mit über der Brust verschränkten Armen da.

»Vielleicht singt der Kirchenälteste mit?«, meinte der Pfarrer und rückte einen Stuhl an dessen Seite. »Johannes As verfügt über die schönste Stimme in der ganzen Gemeinde.«

Aber Johannes sang nicht mit.

Der Pfarrer musste allein singen. Noch nie war ihm das Singen der Worte »Sei gegrüßt, du schöne Morgenstunde« so schwergefallen. Er fand keinen Widerhall in der Stube, weder im natürlichen noch im geistlichen Sinn. Ihm schien allmählich, er hätte sich auf ein unmögliches Unternehmen eingelassen. Er hatte vorgehabt, alle vier Strophen zu singen, brachte aber nur zwei davon zustande. Er schloss mit den seltsamen, sich erst so hoch emporschwingenden und dann so tief absinkenden Worten:

Wärmen,
nähern,
eins zum andern,
die da wandern
ohne Liebe
und aus trüben
Brunnen schöpfen.

Der Pfarrer wollte soeben mit dem Vorlesen eines Weihnachtstextes beginnen, als der Kirchenälteste ihm die Hand auf den Arm legte.

»Es dürfte genügen«, sagte er, »Selma will bestimmt nicht mehr hören.«

Der Pfarrer blickte verwirrt auf. Er war nicht gewohnt, solchermaßen in einer Hausandacht unterbrochen zu werden, am allerwenigsten von einem Kirchenältesten.

Die Ungemütlichkeit und die Spannung wurden schließlich unerträglich. Dem Pfarrer blieb nur die Wahl zwischen zwei Dingen: entweder seines Weges zu gehen oder aber diese Leute zu einer Aussprache zu bewegen. Da fiel sein Blick auf den Küchentisch. Dieser war voll beladen mit zum Teil geöffneten, zum Teil noch verschnürten Paketen, die der Kirchenälteste mitgebracht hatte. Es war klar ersichtlich, dass der Besuch des Pfarrers die beiden Menschen beim Öffnen der Weihnachtspakete unterbrochen hatte. Der Pfarrer ärgerte sich, dass er gerade den Heiligen Abend für seinen Besuch in Selmas Hütte gewählt hatte. Es war – ja, es war beinahe ein wenig taktlos. Er hatte es so gut gemeint, aber vielleicht doch nicht richtig gehandelt. Er entschloss sich zu gehen. Mochte aus seinem eigenen Weihnachtsfrieden werden, was wollte. Jedenfalls wollte er nicht den Frieden anderer zerstören. Er griff nach seinem Hut.

»Ich merke, dass mein Besuch ungelegen kam«, sagte er. »Und ich bitte um Entschuldigung, dass ich mitten in der Weihnachtsbescherung gestört habe.«

Er streckte Selma die Hand hin. Sie erhob sich nicht, reichte ihm aber die eine Hand, ohne die andere von der Brust zu heben. Schlaff, wie gefühllos ruhte ihre Rechte in der seinen.

Er wandte sich an den Kirchenältesten.

»Adieu, Johannes, wir sehen uns morgen früh.«

Doch Johannes bot ihm die Hand nicht. Er saß vornübergebeugt, die Hände zwischen die Knie geklemmt.

»Nein, der Pfarrer soll nicht gehen«, sagte er. »Er soll sich ein Weilchen zu uns setzen. Will der Herr Pfarrer nicht wieder Platz nehmen?«

»Gewiss«, erwiderte der Pfarrer, »das will ich gerne tun. Wünscht der Kirchenälteste vielleicht etwas mit mir zu besprechen?«

»Das hängt von Selma ab«, meinte der Kirchenälteste, ohne den Kopf zu heben.

Der Pfarrer glaubte, den Boden unter den Füßen zu verlieren. Wie sehr er auch daran gewöhnt war, dass die Leute ihm ihre Geheimnisse anvertrauten und ihn in ihre intimsten Tragödien einweihten, vermochte er sich gleichwohl nie des seltsamen Gefühles zu erwehren, dass die Schwierigkeiten der anderen ihn persönlich so tief betrafen, als wären sie seine eigenen. Er fühlte die Gewissensbisse anderer so intensiv, als wären sie seine eigenen, und schämte sich anderer Irrtümer und Fehltritte gerade so, als hätte er sie selbst begangen. Und er glaubte in diesem Augenblick, selbst der Schuldige zu sein, falls zwischen diesen beiden Menschen ein Unrecht bestand.

»Es hängt von Selma ab«, wiederholte der Kirchenälteste. »Wenn sie nicht will, schweige ich.«

Der Pfarrer blickte Selma an. Ihr Gesicht zeigte die gleiche unergründliche und stolze Gleichgültigkeit auf, die er stets darin gelesen hatte.

»Nun, Selma«, sprach der Pfarrer leise, indem er den Kopf senkte. »Soll der Kirchenälteste reden oder soll ich meines Wegs gehen?«

»Er soll reden«, drang es tonlos über Selmas graubleiche Lippen.

Eine lange Weile herrschte Stillschweigen.

Der Pfarrer sah den Kopf des Kirchenältesten immer tiefer sinken.

Er stöhnte leise, und der Pfarrer fühlte den Schweiß auf seiner eigenen Stirne ausbrechen.

Schließlich kam es, kaum vernehmbar, von Johannes As:

»Sie sollen wissen, Herr Pfarrer, dass sie meine Mutter ist.«

So, nun war es gesagt.

Stille herrschte in der Stube. Man vernahm nur das leise Ticken der Weckeruhr auf der Kommode und das Zischen eines Kohlenstückes im Herde.

Doch war es, als hätte plötzlich der Friede seinen Einzug in die Hütte gehalten. Ein lange vermisster Friede. Es war, als würde es lichter. Als hätte alles Schwere, Eingeschlossene und Graue sich wie Nebel in der aufgehenden Sonne verflüchtigt.

Der Pfarrer hob langsam den Kopf und richtete den Blick auf Selma. Diese ließ ihr stolzes Haupt bis auf die Brust sinken. Sie schlug die Hände vors Gesicht, ihre starken männlichen Schultern bebten, und jäh brach sie in Tränen aus.

Der Pfarrer überlegte eine Sekunde, dass keiner ihm glauben würde, wenn er den Menschen erzählen würde, er habe Selma weinen gesehen. Tränen waren das Letzte, woran man im Zusammenhang mit Selma denken mochte. Jetzt aber schien es, als wollten alle während eines ganzen Lebens zurückgehaltenen Tränen hervorquellen. Der Kirchenälteste rückte seinen Stuhl näher an den ihrigen heran und legte unbeholfen den Arm um ihre Schultern. Sie lehnte sich an ihn und weinte, weinte. Der selbstsichere Johannes As wischte sich mit dem freien Arm ein paar verstohlene Tränen aus den Augen. Alsdann wandte er sich an den Pfarrer und erzählte in kurzen Zügen Selmas Geschichte.

Es war das altbekannte, aber immer gleich bittere Erlebnis einer betrogenen Jugendliebe.

Selma aber hatte die Schmach nie auf sich nehmen wollen, ein Kind, zu dem kein Vater sich bekannte, geboren zu haben. Sie hatte es fremden Menschen überlassen und war nach Amerika ausgewandert. Dort war sie erkrankt und wieder nach Hause geschickt worden. Sie hatte mehrere Stellen innegehabt, aber ihr Stolz und ihre Bitterkeit hatten jedes Zusammenleben mit anderen Menschen unmöglich gemacht. Schließlich war sie als Aufwartefrau an der Schule eines entfernten Sprengels* gelandet, wo niemand sie kannte.

Ihr Sohn hatte Nachforschungen nach der Mutter angestellt und sie schließlich entdeckt. Sie aber war zu stolz, den Fehltritt ihrer Jugend vor aller Welt zu bekennen. Es war ihr gelungen, sich in einer geachteten, ehrbaren Anstellung selber zu erhalten, und sie wollte daher nicht zu ihrem Sohne übersiedeln. Nur einmal im Jahre, zu Weihnachten, räumte sie ihm das Recht ein, sie zu besuchen. Beiden aber fiel es bitter schwer, getrennt voneinander leben zu müssen. Johannes As war kinderlos und hatte eine kränkliche Frau, die keinen größeren Wunsch kannte, als die tüchtige Schwiegermutter bei sich zu haben und sie den Haushalt führen zu lassen. Selma aber wünschte dies nicht. Hauptsächlich wegen der Schande, lautete ihr steter Einwand.

Hier endete der Bericht des Kirchenältesten.

---

*   Verwaltungsbezirk [Anmerkung des Verlags].

Selma hatte zu weinen aufgehört. Sie saß da und wiegte sich gemächlich hin und her, den Kopf noch immer in die Hände gestützt.

Der Pfarrer erhob sich und reichte Johannes die Hand.

»Johannes, ich danke dir für dein Vertrauen. Es hat uns gegenseitig näher gebracht und zu Freunden gemacht.«

Alsdann legte er die Hand auf Selmas Haupt.

»Und jetzt, Selma«, sprach er, »werden wir ein neues Leben beginnen.«

Ein Schluchzen erschütterte wiederum Selmas zusammengesunkene Gestalt. Der Pfarrer empfand ein seltsames Mitleid mit der eben noch so stolzen Frau. Er dachte daran, wie viele Schwestern sie seit Urzeiten gehabt und noch bis ans Ende aller Zeiten haben würde, die sich um einer betrogenen Jugendliebe willen mit lebenslänglichen Selbstvorwürfen und Schamgefühlen quälen müssen. Und wie nie zuvor verstand er den Meister, der zur Sünderin sprach: »So verdamme ich dich auch nicht.«

Und er begann davon zu sprechen. Leise, als sei er sich der Nähe des Meisters in der kleinen Kammer bewusst, sprach er von einer Liebe, größer als alle Irrtümer, alle Schande und Unehre der Menschen. Er sprach von Jesus, der als ein kleines Kind ohne irdischen Vater zur Welt kam, und schloss mit den wunderbaren Worten des Gekreuzigten: »Weib, siehe deinen Sohn, Sohn, sieh deine Mutter!«

Als er geendet hatte, hob Selma sachte den Kopf und blickte den Pfarrer an. Doch schien es, als hätte sie geradewegs durch ihn hindurchgeblickt, auf jemanden, der hinter und über ihm stand.

»Ich glaube«, sagte sie leise, »ich glaube, dass Er mich nicht verurteilt, wenn auch die Menschen es tun. Aber ich will versuchen, ihr Urteil zu ertragen, im Glauben an Ihn, der nicht verdammt.«

Ihre Hände tasteten nach der Hand des Sohnes und drückten sie fest.

»Ich folge dir, Johannes«, sagte sie.

»Heute Abend noch?«, fragte Johannes. Seine Stimme verriet ein seltsam bebendes Glück.

»Jawohl, noch heute Abend«, sagte sie.

»Dann wird es Weihnachten«, meinte Johannes, »zum ersten Mal in meinem Leben eine richtige Weihnacht.«

Axel Hambraeus

Das Mütterchen

Ein Flüchtling, der unter vielen Mühsalen der Verfolgung entronnen war, erzählte uns folgende kleine Geschichte: In jenem Jahre, als man mit besonderer Schärfe und Grausamkeit zum Schlage ausholte gegen alle Gottesehrung im Lande und mit Gewalt versuchte, die alten, frommen Sitten aus dem Herzen des Volkes zu reißen, wachten sie drüben eifernd darüber, dass es niemandem einfalle, die christlichen Feste zu feiern, denn dies schien ihnen darum gefährlich, weil sich hier alte Sitte mit kindlichem Glauben am innigsten verbunden hatte.

Auch auf das Weihnachtsfest hatten sie es abgesehen, vielleicht in der Ahnung, dass sie (einem König Herodes gleich) von dem Kinde, welchem die Herrschaft der Welt verheißen ist, in ihrer Macht tödlich bedroht würden.

Jedenfalls verboten sie bei schweren Strafen jegliche Feier der Geburt des Heilandes.

Damals konnte man an der Grenze entlang viel Volk sehen, das des Nachts heimlich aufgebrochen war, um die Weihnachtsglocken von der Grenze herüberhallen zu hören und sich an ihrem fernen Klange zu getrösten, und mancher fand bei dieser Pilgerfahrt seinen Tod durch die Kugeln der Grenzwächter.

Am Heiligen Abend aber wurden überraschende Patrouillen in die Dörfer gehetzt, um alle Funken verhasster Festnachtsfreude im Keime zu ersticken.

So drangen auch Reiter in das Dorf K. ein, um nachzuforschen, ob man dem Gebot der Obrigkeit Gehorsam leiste. Zuerst ritten sie zur Kirche, gierig danach, eine gläubige Gemeinde mitten in ihrer Andacht aufzustören. Aber das Gotteshaus war menschenleer, und der Widerhall der Sporen auf dem Steinboden klirrte vom hohlen Gewölbe zurück.

Aus Ärger darüber rissen sie die Bilder von den Wänden, zerschlugen die bunten Fensterscheiben und wandten sich dann, um das Dorf gründlich zu untersuchen. Aber auch dort war keine lebende Seele zu entdecken, das geringe Vieh in den Ställen ausgenommen. Und nun gerieten sie in Wut, zogen von Hütte zu Hütte, schlugen die Türen ein, fielen über die Vorräte her, rissen Kasten und Truhen auf, plünderten, was zu plündern war und schlugen mit ihren Karabinern Möbel und Geschirr in Trümmer. Schließlich versammelten sie sich wieder und waren gesonnen weiterzureiten, als einer der Soldaten gerannt kam und schrie, er habe aus einer Scheune abseits vom Dorf einen Lichtschimmer hervorblicken sehen. Sofort sprangen sie auf die Gäule und galoppierten johlend und brüllend die Gasse entlang, zerschmetterten, bei der Scheune angekommen, das Tor mit Säbeln und Gewehrkolben und sahen nun, als sie eingedrungen waren, das ganze Dorf versammelt. Beim Schein einer Stalllaterne lagen Männer, Weiber, Greise und Kinder auf ausgebreitetem Stroh im Kreise umher und blickten ruhig und gefasst den Einstürmenden entgegen. Nur die Kinder fingen leise an zu weinen und schmiegten sich Schutz suchend an die Kleider der Älteren.

Der Kommandant trat vor und forderte Rechenschaft von der Dorfgemeinde. Niemand antwortete ihm. Darauf befahl er seinen Leuten, die Scheune zu durchstöbern. Die Bauern erhoben sich und leisteten keinen Widerstand. Das Stroh wurde durchwühlt, mit den Säbeln auseinandergerissen und durchstochen und die Dörfler aufs Genaueste untersucht, aber es fand sich nichts, kein Kreuz, kein geweihtes Gefäß, und auch kein Geistlicher wurde unter ihnen erkannt.

Da begannen die Peiniger nun von den Bauern mit Schlägen und Stößen ein Geständnis zu erpressen. Der Kommandant, ein vierschrötiger, stämmiger Kerl, ging mit vorgehaltener Pistole von einem zum andern, aber außer dem leisen Jammern der

Greise und dem Winseln der Kinder ließ sich nichts aus der schweigenden Schar herausquälen; keiner war zu einem Bekenntnis zu bewegen, was der Anlass ihrer Versammlung sei.

Solche Verstocktheit musste gesühnt werden, und schon waren die Dorfbewohner noch grausamerer Mittel gewärtig, denn der Kommandant rief flackernden Auges seine Leute zusammen; da, in einem Augenblick furchtbarer Stille, trat ein altes Mütterchen in den Kreis. Sie mochte ihre achtzig Jahre auf dem Buckel haben, denn sie ging tief gebückt, das bleiche Gesicht von einer vielfältigen Zahl von Runzeln durchfurcht, und ihre Haare waren grau wie Asche. Sie schlurfte hin, beugte sich tief vor dem Kommandanten, und es ging eine solche Würde des Alters und der Fassung von dem greisen Weiblein aus, dass der Rohe, wie von höherer Gewalt bezwungen, seine Pistole sinken ließ, den Kopf niederbog und, die Lippen zusammengepresst, zu Boden starrte. Über die Soldaten aber flog ein Schimmer der Rührung, denn sie, alles Bauernsöhne, wie es schien, mochten einen unverlorenen, in der Tiefe schlummernden Ruf des Herzens in sich vernommen haben. Auch sie beugten ihre Flachsköpfe und fingerten verlegen an ihren Waffen herum.

Das Mütterchen nun wandte sich der Gemeinde zu, reckte sich, soweit es ihre hagere Greisengestalt vermochte, schaute einem der Dorfsassen nach dem andern mit tiefem, gütigem Blick in die Augen, erhob die Hand und segnete sie alle mit dem Zeichen des Kreuzes. Dazu sprach sie, und ihre feine, dünne Stimme klang wie ein silbernes Glöckchen: »Geliebte, uns ist heute der Heiland geboren!«

Über alle Gesichter der Versammelten flog es wie ein Freudenschein. Man hörte Schluchzen und sah Tränen von den Wangen herniederrinnen, und alle wie aus einem Munde wiederholten den Gruß: »Uns ist heute der Heiland geboren.«

Über der Stirn des Kommandanten wetterleuchtete es. Er warf den Kopf in den Nacken und umklammerte krampfhaft mit der Faust seine Pistole. Aber das Mütterchen hatte sich nun ihm zugewendet. Es machte ein paar Schritte und stand ihm gegenüber, ganz nahe vor ihm, so dass er ihren Blicken nicht ausweichen konnte.

Es hob wieder die Hand, machte wieder das Zeichen des Kreuzes über ihn und seine Soldaten und sprach mit der gleichen hellen und freudigen Stimme: »Geht zu eurer Mutter, Geliebte, geht heim. Denn auch euch, ihr Lieben, auch euch ist heute der Heiland geboren.« Der Kommandant hatte die Augen aufgerissen und schaute über die Greisin weg in den Dämmerraum hinein. Es war, als hielten alle den Atem an. Die Soldaten hatten ihr Kinn bis zur Brust herabgesenkt, einige waren rückwärts zum Tor gewichen, und es schien, als suchten sie schnell den Ort zu verlassen, um ihre Ergriffenheit zu verbergen. Mehrere Sekunden lang dauerte das Schweigen, da bewegten sich die Lippen des Kommandanten und er flüsterte, nur der Alten vernehmlich: »Mutter – Mutter!« Plötzlich aber riss er sich zusammen, gab, wie um sich selbst zur Besinnung zu rufen, einen jähen Schuss ab gegen die Decke, der alle zusammenfahren ließ, aber keinen traf, brüllte mit der Stimme eines Stieres seine Soldaten an: »Hinaus!« und nochmals: »Hinaus!«, und sogleich war die Scheune geräumt von den Häschern. Man hörte die Schritte draußen, hörte, wie sie sich auf die Gäule schwangen, hörte sie im Galopp die Dorfstraße entlangfegen, und dann verhallte der Hufschlag in der Ferne.

Otto Bruder

Zwischenfall im Hürtgenwald

Am Heiligen Abend 1944,
mitten in der Ardennenschlacht,
hatten Mutter und ich unerwartet Gäste

Als es an diesem Weihnachtsabend an der Tür klopfte, ahnten Mutter und ich nichts von dem Wunder, das wir erleben sollten.

Ich war damals zwölf, und wir lebten in einem kleinen Häuschen in den Ardennen, nahe der deutsch-belgischen Grenze. Vater hatte das Häuschen vor dem Krieg benützt, wenn er an Wochenenden auf die Jagd ging; und als unsere Heimatstadt Aachen immer stärker unter Luftangriffen zu leiden hatte, schickte er uns dorthin. Ihn selbst hatte man in der sechs Kilometer entfernten Grenzstadt Monschau zum Luftschutzdienst eingezogen.

»In den Wäldern seid ihr sicher«, hatte er zu mir gesagt. »Pass gut auf Mutter auf. Du bist jetzt ein Mann.«

Aber vor einer Woche hatte Generalfeldmarschall von Rundstedt mit der letzten, verzweifelten deutschen Offensive dieses Krieges begonnen, und während ich jetzt zur Tür ging, tobte ringsum die Ardennenschlacht.

Als es klopfte, blies Mutter rasch die Kerzen aus. Dann ging sie vor mir zur Tür und stieß sie auf. Draußen standen, vor dem gespenstischen Hintergrund der verschneiten Bäume, zwei Männer mit Stahlhelmen. Der eine redete Mutter in einer Sprache an, die wir nicht verstanden, und zeigte dabei auf einen dritten, der im Schnee lag. Sie begriff schneller als ich, dass es sich um Amerikaner handelte. Feinde!

Mutter stand, die Hand auf meiner Schulter, schweigend da, unfähig, sich zu bewegen. Die Männer waren bewaffnet und hätten sich den Eintritt erzwingen können, aber sie rührten sich nicht und baten nur mit den Augen. Der Verwundete schien mehr tot als lebendig. »Kommt rein«, sagte Mutter schließlich. Die Soldaten trugen ihren Kameraden ins Haus und legten ihn auf mein Bett.

Keiner von ihnen sprach Deutsch.

Mutter versuchte es mit Französisch, und in dieser Sprache konnte sich einer der Männer einigermaßen verständigen. Bevor Mutter sich des Verwundeten annahm, sagte sie zu mir: »Die Finger der beiden sind ganz steif. Zieh ihnen die Jacken und die Stiefel aus und bring einen Eimer Schnee herein.« Kurz darauf rieb ich ihnen die blau gefrorenen Füße mit Schnee ab.

Der untersetzte Dunkelhaarige, erfuhren wir, war Jim. Sein Freund, groß und schlank, hieß Robin. Harry, der Verwundete, schlief jetzt auf meinem Bett, mit einem Gesicht so weiß wie draußen der Schnee. Sie hatten ihre Einheit verloren und irrten seit drei Tagen im Wald umher, auf der Suche nach den Amerikanern, auf der Hut vor den Deutschen. Sie waren unrasiert, sahen aber, ohne ihre schweren Mäntel, trotzdem aus wie große Jungen. Und so behandelte Mutter sie auch.

»Geh, hol Hermann«, sagte Mutter zu mir. »Und bring Kartoffeln mit.«

Das war eine einschneidende Änderung in unserem Weihnachtsprogramm. Hermann war ein fetter Hahn (benannt nach Hermann Göring, für den Mutter nicht viel übrig hatte), den wir seit Wochen mästeten, in der Hoffnung, Vater werde Weihnachten zu Haus sein. Und als es uns vor einigen Stunden klar geworden war, dass er nicht kommen würde, hatte Mutter gemeint, Hermann solle noch ein paar Tage am Leben bleiben, für den Fall, dass Vater zu Neujahr kam. Nun hatte sie sich wieder anders besonnen. Hermann sollte jetzt gleich eine dringende Aufgabe erfüllen.

Während Jim und ich in der Küche halfen, kümmerte sich Robin um Harry, der einen Schuss in den Oberschenkel abbekommen hatte und fast verblutet war. Mutter riss ein Laken in Streifen zum Verbinden der Wunde.

Bald zog der verlockende Duft von gebratenem Hahn durch das Zimmer. Ich deckte gerade den Tisch, als es wieder klopfte. In der Erwartung, noch mehr verirrte Amerikaner zu sehen, öffnete ich ohne Zögern. Draußen standen vier Männer in Uniformen, die mir nach fünf Jahren Krieg wohlvertraut waren: deutsche Soldaten – unsere!

Ich war vor Schreck wie gelähmt. Trotz meiner Jugend kannte ich das Gesetz: Wer feindliche Soldaten beherbergt, begeht Landesverrat. Wir konnten alle erschossen werden! Mutter hatte auch Angst. Ihr Gesicht war weiß, aber sie trat hinaus und sagte ruhig: »Fröhliche Weihnachten!« Die Soldaten wünschten ihr ebenfalls eine frohe Weihnacht.

»Wir haben unsere Einheit verloren und möchten gern bis Tagesanbruch warten«, erklärte der Anführer, ein Unteroffizier. »Können wir bei Ihnen bleiben?«

»Natürlich«, erwiderte Mutter mit der Ruhe der Verzweiflung. »Sie können auch eine gute warme Mahlzeit haben und essen, solange etwas da ist.«

Die Soldaten lächelten, vergnügt den Duft schnuppernd, der ihnen durch die halb offene Tür entgegenschlug. »Aber«, fuhr Mutter energisch fort, »wir haben noch drei Gäste hier, die Sie vielleicht nicht als Freunde ansehen werden.« Ihre Stimme war mit einem Mal so streng, wie ich sie noch nie gehört hatte. »Heute ist Heiliger Abend, und hier wird nicht geschossen.«

»Wer ist drin?«, fragte der Unteroffizier barsch. »Amerikaner?«

Mutter sah jedem Einzelnen in das frosterstarrte Gesicht. »Hört mal«, sagte sie langsam. »Ihr könntet meine Söhne sein, und die da drin auch. Einer von ihnen ist verwundet und ringt um sein Leben. Und seine beiden Kameraden: verirrt und hungrig und müde wie ihr. In dieser Nacht«, sie sprach jetzt zu dem

Unteroffizier und hob die Stimme,»in dieser Heiligen Nacht denken wir nicht ans Töten!«

Der Unteroffizier starrte sie an. Für zwei, drei endlose Sekunden herrschte Schweigen.

Dann machte Mutter der Ungewissheit ein Ende.»Genug geredet!«, sagte sie und klatschte in die Hände.»Legen Sie Ihre Waffen da auf das Holz – und machen Sie schnell, sonst essen die anderen alles auf.«

Die vier Soldaten legten wie benommen ihre Waffen auf die Kiste mit Feuerholz im Gang: zwei Pistolen, drei Karabiner, ein leichtes MG und zwei Panzerfäuste. Mutter sprach indessen hastig mit Jim auf Französisch. Er sagte etwas auf Englisch, und ich sah verwundert, wie auch die Amerikaner Mutter ihre Waffen gaben.

Als nun die Deutschen und die Amerikaner Schulter an Schulter verlegen in der kleinen Stube standen, war Mutter in ihrem Element. Lächelnd suchte sie für jeden einen Sitzplatz. Wir hatten nur drei Stühle, aber Mutters Bett war groß. Dorthin setzte sie zwei der später Gekommenen neben Jim und Robin.

Dann machte sie sich, ohne von der gespannten Atmosphäre Notiz zu nehmen, wieder ans Kochen. Aber Hermann wurde ja nun nicht mehr größer, und wir hatten vier Esser mehr.»Rasch«, flüsterte sie mir zu,»hole noch ein paar Kartoffeln und etwas Haferflocken. Die Jungen haben Hunger, und wenn einem der Magen knurrt, ist man reizbar.«

Während ich die Vorratskammer plünderte, hörte ich Harry stöhnen. Als ich zurückkam, hatte einer der Deutschen eine Brille aufgesetzt und beugte sich über die Wunde des Amerikaners.»Sind Sie Sanitäter?«, fragte Mutter.

»Nein«, erwiderte er,»aber ich habe bis vor wenigen Monaten in Heidelberg Medizin studiert.« Dann erklärte er den Amerikanern in, wie mir schien, recht fließendem Englisch, Harrys Wunde sei dank der Kälte nicht infiziert.»Er hat nur sehr viel

Blut verloren«, sagte er zu Mutter. »Er braucht jetzt einfach Ruhe und kräftiges Essen.«

Der Druck begann zu weichen. Selbst mir kamen die Soldaten, als sie so nebeneinander saßen, alle noch sehr jung vor. Heinz und Willi, beide aus Köln, waren sechzehn. Der Unteroffizier war mit seinen dreiundzwanzig der Älteste. Er brachte aus seinem Brotbeutel eine Flasche Rotwein zum Vorschein, und Heinz fand einen Laib Schwarzbrot, den Mutter in Scheiben schnitt. Sie sollten zum Essen auf den Tisch kommen. Von dem Wein aber stellte sie einen Rest beiseite. »Für den Verwundeten.«

Dann sprach Mutter das Tischgebet. Ich sah, dass sie Tränen in den Augen hatte, als sie die vertrauten Worte sprach: »Komm, Herr Jesus, sei unser Gast …« Und als ich mich in der Tischrunde umsah, waren auch die Augen der kriegsmüden Soldaten feucht. Sie waren wieder Buben, die einen aus Amerika, die anderen aus Deutschland, alle fern von zu Haus.

Gegen Mitternacht ging Mutter zur Tür und forderte uns auf, mitzukommen und den Stern von Bethlehem anzusehen. Bis auf Harry, der friedlich schlief, standen wir alle neben ihr, und für jeden war in diesem Augenblick der Stille und im Anblick des Sirius, des hellsten Sterns am Himmel, der Krieg sehr fern und fast vergessen.

Unser privater Waffenstillstand hielt auch am nächsten Morgen an. Harry erwachte, verschlafen brummelnd, in den letzten Nachtstunden, und Mutter flößte ihm etwas Brühe ein. Bei Tagesanbruch war er dann sichtlich kräftiger. Mutter quirlte ihm aus unserem einzigen Ei, dem Rest Rotwein und etwas Zucker einen stärkenden Trank. Wir anderen aßen Haferflocken. Dann wurde aus zwei Stöcken und Mutters bestem Tischtuch eine Tragbahre für Harry gemacht.

Der Unteroffizier zeigte den Amerikanern, über Jims Karte gebeugt, wie sie zu ihrer Truppe zurückfinden konnten. In diesem Stadium des Bewegungskrieges erwiesen sich die Deutschen als überraschend gut informiert. Er legte den Finger auf einen Bach.

»Da geht ihr lang«, sagte er. »Am Oberlauf trefft ihr auf die 1. Armee, die sich dort neu formiert.« Der Mediziner übersetzte alles ins Englische.

»Weshalb nicht nach Monschau?«, fragte Jim.

»Um Himmels willen, nein!«, rief der Unteroffizier. »Monschau haben wir wieder genommen.«

Mutter gab nun allen ihre Waffen zurück. »Seid vorsichtig, Jungens«, sagte sie. »Ich wünsche mir, dass ihr eines Tages dahin zurückkehrt, wo ihr hingehört, nach Hause. Gott beschütze euch alle!«

Die Deutschen und die Amerikaner gaben einander die Hand, und wir sahen ihnen nach, bis sie in entgegengesetzter Richtung verschwunden waren.

Als ich wieder ins Haus trat, hatte Mutter die alte Familienbibel hervorgeholt. Ich sah ihr über die Schulter. Das Buch war bei der Weihnachtsgeschichte aufgeschlagen, bei dem Bericht von der Geburt in der Krippe und den drei Weisen, die von weit her kamen, um ihre Geschenke darzubringen. Ihr Finger glitt über die Zeile: »*und sie zogen über einen anderen Weg wieder in ihr Land.*«

Fritz Vincken

Seine Treue ist Schirm und Schild

Wie ein Leuchtturm, ja höher als irgendein Leuchtturm, steigt der Kirchturm von Öja aus der Ebene von Fidenäs empor, und weithin nach Osten bringt sein kräftiger Umriss den Seefahrern einen schwedischen Christengruß. Vielleicht ist Schweden nirgends schöner und üppiger als auf dieser gotländischen Landzunge. Als Carl von Linné hier reiste, geriet er in Verzückung und schrieb in sein Tagebuch: »Nur englische Lords und gotländische Bauern können sich eine solche Herrlichkeit leisten.« Und doch ist das Meer, das zu beiden Seiten ins Grenzenlose wogt, noch prachtvoller als alle Auen und Blumen. Aber gleich südlich von der Kirche von Öja nimmt dieser Lustgarten ein Ende und beginnt der immer kargere und immer einsamere Ernst von Sudret. Die Landstraße zur Kirche von Hamra verläuft kilometerweit auf einem kahlen Heiderücken. Viele meinen indes, gerade die Heide auf der Südspitze Gotlands sei sein größtes Wunder. Und ich kann sie verstehen.

Aber das allergrößte Wunder dieser Gegend ist doch auf alle Fälle die Kirche von Öja. Hier muss man unwillkürlich an das Kirchenlied denken:

Alt ist die Kirche, Gottes Haus;
Menschenwerk fällt: Sie stehet.

Um ihre Grundmauern hat die Geschichte ihre Fußspuren so fleißig eingedrückt, dass sie noch heute zu gewahren sind, wohin man sich auch wendet. Hier ist Altes bewahrt, und hier raunt die Sage wie vielleicht nirgends in Schweden. Steht man in stillem Sinnen vor diesen Kirchenmauern, so überkommt einen das Gefühl, als lege man das Ohr an ein seltsames Schneckenhaus und höre das Raunen der Jahrhunderte. Das Gebäude ist einfach, ruhig und fest – wie das Reich Gottes selbst. Sein Inneres hat die Frische und Reinheit der nordischen Dome. Als Kostbarstes fällt hier wohl das Triumphkreuz in die Augen, ein seltsam schönes Kunstwerk, vor dem einmal Nathan Söderblom in dieselbe Verzückung geriet wie Carl von Linné, als er durch den Frühling von Fidenäs fuhr. Aber auch die beiden silbernen Leuchter auf dem Altar sind nicht zu verachten. Ihre Geschichte hörte ich einmal von dem alten Pfarrherrn im Pfarrhof von Öja, und er ist mir wohl nicht böse, wenn ich sie weitererzähle. Es ist eine Weihnachtsgeschichte, und ist sie auch nicht so wundersam wie die Erzählung von den Weisen aus dem Morgenlande, so ist sie doch merkwürdig genug, um ihrer zu gedenken.

Am Weihnachtsabend des Jahres 1624 fiel der Schnee so dicht um Kirche und Pfarrhof von Öja, dass der Pfarrherr, der aus Dänemark stammende Herr Christian Christiansen, schon um sieben Uhr abends die Pferde vor den Schlitten spannen ließ, um am Weihnachtsmorgen ganz bestimmt rechtzeitig zur Christmette in der Filialkirche von Hamra einzutreffen. Gewiss war der Weg nach Hamra nicht viel weiter als eine halbe Meile alten Stils; wenn aber der Schnee mit solcher Macht fällt, dann muss man ordentlich viel Zeit vor sich haben, wohin man auch fährt – und dennoch weiß Gott allein, ob man wirklich ans Ziel kommt. Ganz besonders hierzulande, wo die Wegzeichen sparsam stehen und Land und Meer immer wieder unmerklich ineinander übergehen. Es kann auf viele verschiedene Arten schneien. Doch der Weihnachtsschnee vom Jahre 1624 im südlichen Gotland war dichter und trügerischer als sonst ein Schnee. Es war still wie in einer Kirche. Die ganze Natur, der ganze Weltenraum ruhte unbeweglich in sich selbst. Aber durch diese unerhörte Stille fielen die riesengroßen Flocken so dicht, dass man kaum einen Zwischenraum entdecken konnte. Sie löschten alle Spuren aus, sie ließen alle Umrisse zerfließen, sie machten jegliche Sicht unmöglich. Wer in einer solchen Nacht hinaussoll, der muss an Gott glauben, muss sagen können: »Dein Stecken und Stab trösten mich.« Pfarrer Christian Christiansen wusste, in welche Gefahr er lief. Mehr als einmal hatte er es erlebt, dass er in Schnee und Dunkel irregefahren und ganz woanders gelandet war, als er gemeint hatte. Aber an diesem Abend war er nicht mehr als ein paar hundert Meter gefahren, als er merkte, dass dies die schwerste von allen Fahrten würde, die er je gemacht hatte. Und nach noch ein paar hundert Metern wusste er, dass er sich verirrt hatte und in dieser Nacht nicht ohne besondere Gottesfügung seine Kirche oder seinen Pfarrhof wieder finden würde.

Die Pferde trabten willig dahin. Obwohl ihre blanken Leiber, durch die Bewegung erhitzt, leicht zu dampfen begannen, lagen doch ständig große Schneeplatten auf ihrem Rücken. Und wie die Pferde auch zogen, stets schlossen sie auf allen Seiten die nämlichen dichten, weichen weißen Wände ein: Es war wie eine weiß gekalkte Zelle, deren Mauern wohl zur Seite wichen, einen aber immer wieder gefangen hielten in einem nicht enden wollenden Alpdrücken. Der Pfarrer sollte seinem Volk am heiligen Christmorgen über die weisen Männer aus dem Morgenland predigen, und in seiner ärmlichen Bücherei hatte er mit großer Mühe Beispiele für die mannigfaltigen und grausigen Gefahren hervorgesucht, die auf die drei Könige lauerten bei ihrer weitläufigen Reise zu der bescheidenen Krippe des Jesuskindleins zu Bethlehem im jüdischen Lande: die Schrecken der Gluthitze in den Wüsten, die Schreie der Raubtiere in finsteren Nächten, blutdürstige Räuberhorden in Grotten und Gebirgsschluchten. Auch hatte er die Berichte von den Geheimnissen und Gefahren des Morgenlandes, die er gefunden hatte, mit vielen dänischen und schwedischen Kraftausdrücken ausgeschmückt, damit sich die Gemeindemitglieder recht überlegten, was hochweise und hochgeborene Männer der Vorzeit auszustehen hatten, um Jesum Christum, ihren Heiland, zu finden, und sich dann deren

Glauben und ernsten Sinn zum Vorbild nähmen. Aber wie er nun so im Schlitten saß und seine Pferde blindlings lenkte, dachte er, mit den Weisen vom Morgenland hätte es die göttliche Gnade doch viel besser gemeint als mit dem Pfarrer von Öja, hatten sie doch stets ihren Stern, wie geschrieben steht: »Und siehe, der Stern, den sie im Morgenland gesehen hatten, ging vor ihnen hin, bis dass er kam und stand oben über, da das Kindlein war. Da sie den Stern sahen, wurden sie hocherfreut und gingen in das Haus und fanden das Kindlein mit Maria, seiner Mutter, und fielen nieder und beteten es an und taten ihre Schätze auf und schenkten ihm Gold, Weihrauch und Myrrhe.« Und wenn er in dieser Christnacht jemals zu seiner Kirche kommen würde, dann wollte er nicht von den Schrecken der Wüste und den morgenländischen Raubtieren erzählen, sondern von seiner eigenen gefährlichen Fahrt zur Kirche – die ja gewiss noch immer die Lagerstatt des Jesuskindes war.

Als er drei Stunden gefahren war, begriff er, dass er sich draußen auf der Ostsee befand – ob gen Osten oder Westen oder nach welcher Himmelsrichtung sonst, war nicht leicht zu sagen. Gleich schwer zu beurteilen war, wie weit hinaus das Meer trug; es hatte volle zwei Monate hindurch hart gefroren, aber die Ostsee braucht deswegen keine sichere Brücke zu sein. Pfarrer Christian Christiansen war ein Kind seines Zeitalters, in dem es sich für einen Christen nicht gebührte zu erbleichen und zu erbeben. So ließ er nun seine Pferde ohne Zügel laufen, so gut sie in dem tiefen Schnee und über die aufgetürmten Eishügel laufen konnten. Stunden kamen und Stunden gingen. Der Pfarrer dachte daran, dass die Weisen zu dritt beieinander waren; dass sie miteinander reden, sich gegenseitig ermutigen und sich in der Nacht zusammen ausruhen konnten. Es ist leichter, mit anderen zusammen an Gott zu glauben, als wenn man ganz allein ist – und dazu ohne einen Stern zu Häupten. Aber es kann einem Mann gut sein, auch das Allerschwerste zu lernen, und der Pfarrer von Öja lernte viel, während der Schnee gleich einem Begräbniszeugen seinen Schlitten umwogte.

Es waren etliche Stunden verstrichen, als er endlich die Kirche wie einen großen, hell leuchtenden Stern einige Meter vor sich sah. Er warf die Zügel ein paar Männern auf dem Kirchplatz zu und stürmte, noch geblendet vom Schnee und der Dunkelheit, in die Kirche und zur Kanzel hinauf. Dort begann er über die Weisen aus dem Morgenland zu predigen und über das wunderbare Geleit, das der Allmächtige ihm selber in dieser schlimmen Christnacht gewährt habe – zwischen Schnee und Eis und ohne einen Stern, der über den Weg geschienen hätte. Der Pfarrer predigte, wie er nie zuvor gepredigt hatte, ja, wie nur der predigen kann, den der Herr selber gerade eben aus dem Schlunde des Verderbens gerissen und dessen Leib und Seele zu dem lebendigen Gott emporjubelt. Als er aber einige Minuten mit großer Kraft gepredigt hatte, sah er plötzlich klar, dass er sich in einem völlig fremden Gotteshaus befand mit unbekannten Menschen in den Bänken, und wurde von noch größerer Verwunderung ergriffen. Das konnte keine von den anderen Kirchen auf Sudret sein, weder Wamlingbo noch Sundre, die er wohl kannte; auch nicht Fide, Grötligbo oder Näs nach Norden hin; überhaupt kaum eine Kirche auf Gotland. Und als der Pfarrer nun begriff, dass er in der Christnacht über die Ostsee gefahren war, wurde seine Predigt noch gewaltiger, worüber sich niemand wundern kann, und er redete von den Weisen aus dem Morgenland, dass die Gemeinde meinte, einer von den drei Königen stünde bei lebendigem Leibe vor ihnen und bezeugte, wie Gott die Seinen recht führe.

Als die Christmette vorüber war, erfuhr Pfarrer Christian Christiansen, dass er sich in Böda im Norden der Insel Öland befand. In der Heiligen Nacht war er mindestens acht Meilen über die Eisbrücke der Ostsee gefahren. Einige zweifeln daran, dass dies wirklich geschehen sei. Aber es gibt ja auch solche, die an der Geschichte von den Weisen aus dem Morgenland zweifeln. Auf jeden Fall ist der Pfarrer von Öja nicht der Einzige, der zur Winterszeit über die Ostsee fuhr. So berichtet die Pfarrerchronik des Bistums Visby von Marcus Ploen, der einmal in alten Zeiten, von Frau und Kindern und einer Kuh begleitet, mit einem Boot auf einem Handschlitten von Holstein hergezogen kam und in Hamra an Land stieg, wo er mit den Jahren Glöckner und ein großer Mann wurde.

Daheim in Öja und Hamra gab es indes in diesem Jahr keine Christmette, und Pfarrer Christian Christiansen wurde für tot gehalten.

Als aber der Frühling endlich die gewaltigen Eismassen brach, kam der Pfarrer über das offene Meer heimgesegelt. Und da führte er als Dankopfer an den Herrn die beiden silbernen Leuchter mit sich, die noch heute den Altar der Kirche von Öja zieren. Sie sind 46 Zentimeter hoch und ruhen ein jeder auf drei Löwen. Die Inschrift lautet:

Christianus Christiansen
Juditha D. Christiani
1625 SCUTUM ET CLIPEUS EST VERITAS EIUS
Ps. 91

Das bedeutet: Seine Treue ist Schirm und Schild.

John Nilsson

Ein Weihnachtslied

Wo steht in dieser dunklen Nacht
Die Krippe meines Herrn?
Ich seh' kein Aug', das droben wacht,
Kein Antlitz, keinen Stern.
Den Hirten auf dem Feld
Hätt ich mich gern gesellt;
Wer wird mich führen?
Rings ist Mitternacht,
Ist kein Stern, der lacht,
Kein Mond zu spüren.

Ach, wär es nur um einen Trost,
Trost noch so krank und klein,
Mir sollte gleich der Winterfrost
Warm wie der Sommer sein.
Herz, aber sinne nach,
Wer war's, der dir versprach
Trost sonder Wende?
Trost, der nie gebricht?
Wer ist's, der verspricht
Trost im Elende?

Herz, sinne nach, wer ist der Gast,
Der heut zur Schwelle kam,
Der, weil du just kein Bette hast,
Im Stall die Herberg nahm?
Horch! – Sie singen drauß!
Der Stern steht überm Haus!
Hirt und Gesinde
Samt den Königen drei'n
Knien im Sternenschein
Vor Kripp und Kinde!

Rudolf Alexander Schröder

Wie es für Lang Olle Weihnachten wurde

Nahe bei dem Bach, der von Kangasmäki herunter in das Dyver-tal fließt, lagen zwei Holzhütten. Mitten zwischen den beiden Hütten hindurch und dann über den Bach hinüber verlief die Grenze zwischen zwei großen Holzgesellschaften. Holzhütten bekommen bisweilen merkwürdige Namen. Diejenige, welche am weitesten im Norden lag, hieß Petsamo, und die südlichste, welche nahe bei der Landstraße lag, die sich durch die Wildnis hinzog, hieß Gibraltar, wahrscheinlich, weil just an der Stelle, wo der Weg durchgehen sollte, ein hoher, steil abfallender Felsen aufragte, so dass der Weg einen ansehnlichen Bogen machen musste.

Wenn es Weihnachten wurde, gab es stets ein paar unver-heiratete Waldarbeiter, die dort oben zurückblieben, während die Verheirateten und die jungen Burschen heimfuhren zum Weihnachtsfest und seinen Freuden. Aber man konnte ja auch in einer Holzhütte im Wald ein Fest feiern. Und das ging gewöhn-lich so zu, dass man sich ordentlich mit Weihnachtsschnaps versah, denn es gibt ja auch Weihnachtsschnaps, wie es Jäger-schnaps oder Kornbranntwein gibt. In Petsamo blieb Julius Hedkvist zurück, als alle anderen heimfuhren, und in Gibraltar war es Lang Olle, der übrig blieb. Hedkvist war weit unten im Småland zu Hause, und der Weg dorthin war wahrlich nicht bloß ein Hasensprung, und Lang Olle, ja, wo der zu Hause war, das wusste weder ein Pfarrer noch ein Amtmann. Er war einer von jenen liederlichen Gesellen, die sich so lange in der Wildnis herumtreiben, dass sie schließlich für alle Zeiten »verloren ge-hen«. Wenn er überhaupt noch irgendwo in einem Register eingetragen war, so höchstens in einer Liste der Verschollenen. Er nahm Arbeit an, wo er solche fand und wo man nicht nach Zeugnissen fragte. Wollte aber jemand doch seine Zeugnisse sehen, so wies er ihm seine harten, gekrümmten Arbeiterhände vor und sagte: »Hier sind meine Zeugnisse, genügen die nicht?« Er war ein tüchtiger Arbeiter, aber von dem, was er verdiente, blieb nie etwas übrig. Denn was nicht für den Schnaps draufging, das verschenkte er, wenn er betrunken war. Und zwar immer an Kinder. – »Hör mal, du«, konnte er zu einem verheirateten Kameraden sagen, »du hast Kinder. Nimm das zu deinen Händen, denn weißt du, Lang Olle, der versäuft das sonst auf alle Fälle, da ist es besser, die Kinder bekommen es.« Wenn der Pfarrer oben in der Kangasmäki war, um eine Predigt zu halten, war Lang Olle immer dabei. Und immer hatte er eine Banknote bereit, die der Pfarrer »irgendwelchen Kindern« geben sollte. Es kam nicht selten vor, dass Lang Olle ein bisschen angesäuselt war, wenn er zum Gottesdienst kam. Einmal traf ihn der Pfarrer, wie er mehr als gewöhnlich schwankte. »Nein, aber auch, Lang Olle«, sagte der Pfarrer, »willst du betrunken zum Gottesdienst kommen?«

Lang Olle legte dem Pfarrer kameradschaftlich seine gewaltige Pranke auf die Schulter. »Wenn du einmal im Jahr hierherauf kommst«, sagte er, »willst du dann einem armen Schlucker es nicht einmal gönnen, dass er auch ein bisschen Sonntag haben soll?«

Nun hatte Lang Olle es an Weihnachten vor einem Jahr so gemütlich gehabt in Gibraltar. Denn der Kumpan von Petsamo war herabgekommen, und sie hatten nun ihre »Liter« zusammengetan. Ja, das hatte ein Gelage gegeben! Und er war sicher, dass auch an dieser Weihnacht wieder etwas Lustiges passieren würde, denn der neue Kumpan, Julius Hedkvist, das war ein Kerl, und saufen, das konnte er! Dann war es Heiliger Abend. Gerade beim Einnachten fing es wieder an, ganz unchristlich zu schneien. Es war ohnegleichen, wie die Flocken fielen, große Knäule, wie weiße Hühnerfedern; und die Schneewehen wuchsen so an, dass Lang Olle sich zu fragen begann, ob Hedkvist überhaupt kommen werde. Im schlimmsten Fall musste er wohl die Skier nehmen.

Lang Olle lag auf der Pritsche, die Arme unter dem Nacken. Die Luft war draußen so schwer, dass der Rauch nicht schnell genug durch den Blechkamin abzog, sondern in grauen Schlingen unter dem Dach hing, als hätte jemand ganze Stränge grauen Wollgarns dort oben aufgehängt. Da kam Lang Olle das Heim in den Sinn, das er einmal vor langer Zeit gehabt hatte. Er erinnerte sich an einen Weihnachtsabend, an dem die Decke einer kleinen, niederen Küche mit einer gewaltigen Herdmauer voll solcher Wollgarnstränge gehangen hatte. Er wusste noch, dass er im Dorf gewesen war, um Weihnachtseinkäufe zu machen, aber betrunken heimkam, ohne Esswaren und anderes, was er für das Geld hätte kaufen sollen. Und gerade an jenem Abend geschah es, dass seine Frau gebären sollte. Aber er war nicht wach zu bringen, obschon die Frau rief und schrie. Und als er endlich erwachte, da lag die Frau tot im Bett mit einem neugeborenen Kind, das war auch tot.

Da machte Olle sich aus dem Staube, und seither hatte er nie mehr ein Heim gehabt.

Aber dass er gerade jetzt, wo er Weihnachten feiern wollte, daran denken musste! Warum kam Hedkvist nicht, so dass man die bösen Gedanken mit Branntwein vertreiben konnte?!

Wenn er aufstünde und einen nähme, bevor Hedkvist kam? Nein, das wäre unkameradschaftlich gewesen, aber er musste doch etwas unternehmen. Dazuliegen und auf jene Garnstränge zu starren, das könnte einen verrückt machen. Er konnte wenigstens anfangen, den Teig für die Pfannkuchen anzurühren. Olle nahm einen Mehlsack und einen Liter Milch und die Büchse mit dem Speck. Draußen hatte der Wind zu blasen angefangen. Bald ging er in Sturm über. Olle ging zur Tür, um hinauszuschauen. Ein wilder Schneewirbel fegte in die Hütte herein, und er brachte die Tür nur mit Mühe wieder ins Schloss.

Wenn sich nun Hedkvist nicht hinauswagte? Ja, dann würde es eine feine Weihnacht geben. Ohne einen einzigen Kumpan, jawohl! Hedkvist kam zuletzt doch, aber er kam nicht allein. Olle hörte draußen plötzlich Schellengeklingel. Er hörte zwei Männerstimmen. Jemand schlug mit dem Fuß fest an die Tür, und Olle hörte Hedkvists Stimme: »Mach auf, Olle, aber rasch!« Olle brachte die Tür auf. Vom scharfen Luftzug angefacht, flammte das Feuer auf, und mitten im Flockenwirbel sah Olle seinen Kameraden Hedkvist und einen fremden Mann in einem Hundefell kommen und etwas tragen, was offenbar ein Mensch sein musste, sogar ein Frauenzimmer. Der Mensch ächzte und stöhnte. Die Männer trugen sie zur Pritsche, auf der eben noch Olle gelegen hatte.

»Mach die Tür zu!« Hedkvist musste das Kommando übernehmen, denn Olle war dazu nicht imstande. »Sorg für das Pferd, Olle, stell es in den Stall!« Olle setzte sich die Lederhaube auf. Das Pferd war bis zur Türe gekommen, so dass er sie kaum aufbrachte. Es war ganz dunkel, und draußen tobte ein rasender Sturm. Wenn er wenigstens eine Laterne gehabt hätte! Aber bald gewöhnten sich seine Augen an das Dunkel. Es gelang ihm, das Pferd auszuspannen, und er führte es in den Stall, in dem der Mist noch etwas Wärme aufgespeichert hatte. Olle »entlieh« sich ein wenig Heu von den Ballen, die die Kameraden zurückgelassen hatten. Er fand auch einen Hafersack. »Du musst, denk ich, auch ein bisschen etwas Besonderes haben am Weihnachtsabend. Wer weiß, was dort drinnen geschieht!«, meinte Lang Olle. »Vielleicht muss noch ein anderer im Stall schlafen diese Nacht. Wie das Jesuskind. Ja, ja, wie das Jesuskind.« Bei diesem Namen erwachten seltsame Erinnerungen in ihm. Olle stand da und tätschelte das Pferd. Es war lange her, seit er jemanden liebkost hatte. Aber er musste wohl hinein, um zu hören, was da eigentlich los war.

Der fremde Mann war Tuv Ola, vom Finnberg, oberhalb Kangasmäki. Er war mit seiner Frau gerade bei Petsamo vorbeigefahren, als Hedkvist bereitstand, um nach Gibraltar hinunterzugehen und bei Lang Olle Weihnachten zu feiern. Tuv Olas Frau sollte gebären, aber das Kind wollte nicht kommen. Schließlich war Ola gezwungen, seine Frau auf den Schlitten zu betten und sie ins Dorf zu fahren, um ärztliche Hilfe zu suchen. Zwischen Petsamo und Gibraltar hatte Hedkvist vor dem Pferde her einen Weg getreten. Sie hatten auch versucht, auf die große Landstraße herunterzukommen, aber das erwies sich als unmöglich. So mussten sie umkehren und bei Lang Olle in Gibraltar Schutz suchen. Mit knapper Not gelangten sie dorthin zurück. Und nun saß Ola ratlos an der Seite seiner armen Frau. Sie wand sich auf der Pritsche. Olle stand in der Tür, und ihm trat wie im Traum ein Bild vor die Augen. Eine Frau, die sich wand und nach ihm rief. Und große schwere Wollgarnstränge hingen von einer niederen Decke herab. Er stieß einen Schrei aus und stürmte hinaus. Er kämpfte sich vorwärts durch den rasenden Sturm. Er stürzte gegen eine Tür, brachte sie auf und taumelte in den dunklen Stall hinein. Er hörte ein Pferd dastehen und Hafer knabbern. Er sprang zum Pferde hin, schlug seine Arme um den langen Hals, bohrte seinen Kopf in die buschige Mähne und weinte wie ein Kind. In ihm erwachte etwas, was weit, weit fort gewesen war. Er erinnerte sich an dunkles Haar, in das er jeweils seinen Kopf gebohrt hatte. Er erinnerte sich an jemanden, den er jeweils umarmt hatte. Als er sie das letzte Mal gesehen hatte, war sie weiß und kalt dagelegen. Er erinnerte sich an ein Kind mit schmalen blauen Lippen.

Nein, er durfte nicht daran denken – doch, er musste, er musste! Er musste dem noch einmal in die Augen schauen, er musste dafür um Vergebung bitten. Und er sank auf dem warmen Stallboden in die Knie. Er hatte grade nichts anderes, woran er sich halten konnte, als die beiden Vorderbeine des Pferdes. Diese umfasste er mit all seiner Kraft und weinte und betete. Er rief den Namen Gottes und den Namen seiner Frau und weinte die uneingestandene Schuld und den verborgenen Schmerz langer Jahre aus sich heraus. Zuletzt fing er an, für die Frau dort drinnen zu beten: »Lass es nicht so gehen wie damals bei Kersti, lieber Gott, lass es nicht wieder so gehn!« Aber drinnen in der Hütte, die Gibraltar hieß, machte sich Hedkvist mit Tuv Olas Frau zu schaffen. Man war nicht umsonst Sanitätskorporal gewesen, wenn man auch so gesoffen hatte, dass man den Dienst hatte quittieren müssen. Man war schließlich einmal in einem richtigen Spital gewesen und hatte bei Entbindungen geholfen.

Hedkvist machte mit dem, was er auf Gestellen und in Kleiderkisten finden konnte, ein wenigstens einigermaßen ordentliches Bett zurecht. Er setzte eine Pfanne Wasser auf den Herd und wusch sich selbst sauber. Eine halbe Schnapsflasche ging drauf, bis er sich »steril« fühlte, aber diesmal war er gut verwendet, der Schnaps!

Dann löste er der Frau die Kleider auf, deckte sie gut zu und setzte sich hin, um zu warten. Warten, ja, das musste er. Der arme Mann und Hedkvist hielten jeder einen Arm der Frau, als es am schwersten war. Lang Olle hörte bis in den Stall hinaus, wie das Weib schrie, und jedes Mal sank er wieder zu Boden, die Arme um die Vorderbeine des Pferdes gelegt. Das liebe Tier stand ganz still, drehte ab und zu den Kopf und beschnupperte den Mann, der sich so seltsam benahm, schnaufte bisweilen, schleckte sein zottiges Haar und suchte dann wieder nach Haferkörnern in seiner Krippe. Schließlich sank Lang Olle zwischen den Beinen des Pferdes zusammen und schlief ein. Er schlief, bis ein schwaches Dämmerlicht durch die Schneeschicht vor dem Stallfenster drang. Er schlug die Augen auf und sah einen gewaltigen Pferdebauch über sich. Er wunderte sich, wie er wohl in einen Stall hinaus und unter einem Pferd zu liegen gekommen sei. Hatten Hedkvist und er so »kräftig« Weihnachten gefeiert?

Plötzlich kam ihm alles wieder in den Sinn. Er wollte sich mit einem Ruck erheben, fiel aber der Länge nach wieder zu Boden.

Das eine Bein war ihm eingeschlafen. Es dauerte eine Weile, bis es ihm gelang, wieder Leben dareinzubringen. Es war kalt im Stalle, denn es hatte aufgehört zu schneien, und draußen war es wohl mindestens zwanzig Grad unter null. Lang Olle ging in den klaren Weihnachtsmorgen hinaus und machte die paar Schritte nach Gibraltar hinüber. Er öffnete leise die Tür. Auf der Pritsche beim Fenster lagen zwei Männer und schliefen. Aber hinten auf der Pritsche, wo sonst sein Lager war ... Sollte er sich hinwagen? Die Frau, die dort lag, wo er am Abend vorher gelegen hatte, wandte ihm ein kreideweißes Gesicht mit unnatürlich großen schwarzen Augen zu. Dann huschte ein schwaches Lächeln über ihre Züge, als sie die schlafenden Männer erblickte.

Lang Olle schritt langsam auf sie zu. Einen so langen Weg wie die wenigen Schritte zur Pritsche hin war er in seinem Leben noch nie gegangen. Er beugte sich über die Frau. »Ist es wahr? Lebt das Kind?«

Die Frau schlug eine unglaublich schmutzige Felldecke zurück, und Olle sah ein kleines schlafendes Kindlein. Olle trat rasch beiseite und fing an, auf dem Herd Feuer zu machen. Er musste etwas tun. Er wagte nicht, sich noch einmal an jene andere Weihnacht zu erinnern. Aber zum ersten Mal in seinem Leben rief er aus der Tiefe seines Herzens: »Ich danke dir, lieber Gott!«

Axel Hambraeus

Dom Martino und das Weihnachtskind

»Ruhig, Grisella, altes Mädchen, ruhig«, sagte Dom Martino und klopfte der kleinen Eselin, die auf dem steilen, plattigen Weg mit den Vorderhufen ausgeglitten war, den Hals. »Bald sind wir unten, siehst du, vor uns sind schon die Lichter von Monveldo. Dann gibt es frisches Heu.« Dom Martino war auf dem Rückweg von Santa Catarina hoch oben im felsigen Bergland, dem äußersten Zipfel seines Kirchspiels. Wie immer vor den hohen Festtagen, so hatte er auch heute, an der Vigil von Weihnachten, den Kranken und Alten, die nicht mehr den beschwerlichen Weg ins Kirchdorf machen konnten, die Sakramente gespendet und im windschiefen Bergkirchlein die Vigilmesse gelesen, war hier tröstend an einem Leidenslager gesessen und hatte dort mit uralten Berglern ausgiebig geplaudert. Während er so dahinritt, überdachte er noch einmal seine Weihnachtspredigt. Es war nicht leicht, für seine Gemeinde unten in Monveldo, zumeist wohlhabende Weinbauern, Worte zu finden, die ihnen nicht nur unter die Haut, sondern mitten ins Herz drangen. Als er gerade einer kräftigen Redewendung nachsann, blieb Grisella plötzlich leise schnaubend stehen. »Lauf weiter, nur noch ein Viertelstündchen, dann haben wir's geschafft«, sagte Dom Martino begütigend. Aber Grisella rührte sich nicht von der Stelle. Dom Martino kletterte seufzend vom Rücken der Eselin und wollte sie am Zügel weiterführen, doch sie stemmte die Vorderhufe fest auf den Boden. »Da muss irgendetwas sein, was sie erschreckt«, murmelte er und tastete nach den Zündhölzern. Er leuchtete den Weg vor sich ab – und da sah er rechts am Wegrand ein Bündel liegen. Beim Schein des zweiten Zündholzes meinte er zu sehen, dass sich das Bündel bewegte, und dann erreichte sein Ohr ein leises, dünnes Kinderweinen. »O heilige Madonna! Ein Kind – ein kleines Kind!«, rief Dom Martino erschrocken und hob das

Bündel auf. Ein Papier knisterte, und beim Schein eines dritten Zündholzes las er auf einem Zettelchen: »Eine kranke, verlassene und verzweifelte Mutter hofft auf die Hilfe des Jesuskindes.« Sonst nichts.

»So etwas!«, ereiferte sich Dom Martino in Gedanken und ritt, seinen Fund behutsam im Arm haltend, dem Pfarrhaus zu.

Rosina, Dom Martinos alte resolute Haushälterin, schlug die Hände über dem Kopf zusammen: »Wie unmenschlich! Warum brachte die Mutter das Kind nicht zu den Schwestern nach San Leonardo? Man muss es sofort der Gendarmerie anzeigen. Und das am Weihnachtsabend!« Sie lief aufgeregt hin und her.

Dom Martino sagte: »Wer weiß, ob die Frau Kraft und Geld hatte, nach San Leonardo zu fahren. Sicher, sie hätte das Kind nicht einfach auf den Weg legen dürfen. Was tut ein Mensch in der Verzweiflung nicht alles! Sie hoffte bestimmt, dass mitternächtliche Kirchgänger das Kindchen finden. Das Wichtigste ist, dass es so schnell wie möglich in gute Hände kommt.«

»So, wollen Sie es vielleicht auf dem Marktplatz ausrufen lassen? Heute Abend? Die Leute werden sich bedanken!«

»Lass mich nur machen, Rosina«, sagte Dom Martino lächelnd, »versorge du es derweilen!« Und als ob es diesen Worten Nachdruck verleihen wolle, begann das Kind kläglich zu weinen.

In Monveldo war es uralter Weihnachtsbrauch, dass das lebensgroße wächserne »Weihnachtskind«, das der Pfarrer zu Beginn der Christmette auf eine Strohschütte vor den Altar legte, alljährlich von einer Familie beherbergt wurde. Nach dem Gottesdienst ging die Familie, die an der Reihe war, zum Altar, das älteste Kind nahm das »Weihnachtskind«, und die ganze Gemeinde geleitete sie in einer feierlichen Lichterprozession nach Hause. Am Fest der Unschuldigen Kinder waren dann die drei- und vierjährigen Dorfkinder bei der Familie zu Gast, und am Fest der Erscheinung des Herrn wurde das »Weihnachtskind« ebenso feierlich in die Kirche zurückgebracht.

Die Christmette begann. Unter feierlichem Orgelspiel kam der Zug der Ministranten aus der Sakristei, gefolgt von Dom Martino mit dem »Weihnachtskind« auf dem Arm. Er trat hin zur Strohschütte und – da!, was war das? Die in den vorderen Bänken Knienden reckten die Hälse. Hatten sich nicht die Ärmchen des Weihnachtskindes bewegt? Tatsächlich! Und jetzt wieder! Die Leute schoben sich langsam aus den Bänken und drängten nach vorne. Ein Wunder! Ein Wunder!, flüsterten sie. Und damit es allen offenbar werde, hob das »Weihnachtskind« kräftig an zu schreien. Die Unruhe wuchs.

Dom Martino gebot mit starker Stimme Ruhe. Er legte das Kind auf die Strohschütte und begann – entgegen seiner Gewohnheit, zur Wortverkündigung die Kanzel zu besteigen – vom Altar aus mit der Weihnachtspredigt. Er schilderte kurz, wie er auf dem dunklen Weg das Kindlein gefunden habe, las die Worte auf dem Zettel vor und ersuchte die Gemeinde, Gott für diese Tat einer verzweifelten Mutter um Verzeihung zu bitten und die Frau seiner Barmherzigkeit, die er in dieser Nacht so wundersam offenbart habe, zu empfehlen. Andererseits, so fuhr er fort, wolle Gott doch ohne Zweifel etwas Besonderes damit sagen, wenn er der Gemeinde gerade in der Heiligen Nacht ein Kindlein in den Weg lege.

Denn an diesem Abend, in dieser Nacht, dürfe eigentlich keines dieser Kleinen ohne Eltern und ohne warmes Bettchen sein. Und so meine er, dass solch ein Brauch wie die Beherbergung des »Weihnachtskindes« es sei, erst dann Sinn und Berechtigung habe, wenn jeder, der es heimtrage, von Herzen bereit sei, das wirkliche, das lebendige Christuskind zu beherbergen, nämlich in der Gestalt solch eines armen, verlassenen Würmchens wie dieser kleine Findling da.

Die Monveldaner, die vor Hunderten von Jahren den schönen Brauch eingeführt hatten, hätten damit, das stehe fest, dartun wollen, dass damals, in der ersten Heiligen Nacht, die Leute von Monveldo dem Gotteskind die Herberge nicht verweigert haben würden.

Gewiss, diejenigen, die er mit diesen seinen Worten besonders anspreche, seien, zumal so ganz unvorbereitet, vor eine schwere Entscheidung gestellt, und er werde diese in jedem Fall respektieren, was er auch von der Gemeinde erbitte.

Nach der Christmette, als der Chor das Lied: »Jesus, kehre bei uns ein« anstimmte und für José Arandez und seine Familie der Augenblick gekommen war, das »Weihnachtskind« zu holen, reckten sich die Hälse wie nie zuvor. Was würde José Arandez tun?

Er war zwar ein arbeitsamer, rechtschaffener Mann, aber weichherzig, nein, das war er nicht. Im Gegenteil, beim Abwickeln der Geschäfte war er hart im Geben und Nehmen. Doch sieh: José Arandez flüsterte seiner Frau etwas zu, stand entschlossen auf, winkte seiner Familie, ihm zu folgen, ging zum Altar, neigte sich zur Strohschütte nieder und hob mit starken Händen das Kind auf und legte es seiner Frau in die Arme, während ihn seine vier Kinder mit glänzenden Augen anschauten. Der Mutter liefen die Tränen übers Gesicht, sie drückte das Kind an sich und sagte ganz unwillkürlich: »Ach je, es hat sich nass gemacht!«

Noch niemals zuvor, so ist noch zu berichten, gaben die Monveldaner dem »Weihnachtskind« so feierliches Geleit wie in dieser Heiligen Nacht.

Trude Bürger

Weihnachten ist das große Wunder
der vergebenden Gnade Gottes:
Den verlorenen Leuten bietet er ewiges Leben.

Das ist das Wunder der Heiligen Weihnacht,
dass ein hilfloses Kind unser aller Helfer wird.

Das ist das Wunder der Heiligen Nacht,
dass in die Dunkelheit der Erde die helle Sonne scheint.

Das ist das Wunder der Heiligen Nacht,
dass traurige Leute ganz fröhlich werden können.

Das ist das Wunder der Heiligen Nacht:
Das Kind nimmt unser Leben in seine Hände,
um es niemals wieder loszulassen.

Friedrich von Bodelschwingh

Teil 2

Wir wandern zur Krippe

Das Licht der Herrlichkeit scheint mitten in der Nacht.
Wer kann es sehn? Ein Herz, das Augen hat und wacht.

Gott schließt sich unerhört in Kindes Kleinheit ein;
Ach, möcht ich doch ein Kind in diesem Kinde sein.

Der Himmel senket sich, er kommt und wird zur Erden;
Wann steigt die Erd empor und wird
zum Himmel werden?

Mensch, wirst du nicht ein Kind, so gehst du nimmer ein,
Wo Gottes Kinder sind, die Tür ist gar zu klein.

Ach, könnte nur dein Herz zu einer Krippe werden;
Gott würde noch einmal ein Kind auf dieser Erden.

Wird Christus tausendmal zu Bethlehem geboren
Und nicht in dir, du bleibst noch ewiglich verloren.

Denkt doch, was Demut ist, seht doch, was Einfalt kann!
Die Hirten schauen Gott am allerersten an.

Der sieht Gott nimmermehr, nicht dort
noch hier auf Erden,
Der nicht ganz inniglich begehrt, ein Hirt zu werden.

Soll er dein Heiland sein und dich zu Gott erheben,
So musst du nicht sehr weit von seiner Krippe leben.

Komm, schau der Jungfrau Kind,
so siehst du in der Wiegen
Den Himmel und die Erd und hundert Welten liegen.

Angelus Silesius

Wir haben seinen Stern gesehen

Trittst du wieder vor die Nacht,
da wir einsam warten,
Wächter, die gen Mitternacht
deiner Kunde harrten?
Steigst und stehst am Firmament,
Stern, der einst die Weisen
hieß gedritt von Orient
in den Abend reisen?

Wandrer, Bote, Weggesell,
wieder macht dein Funkeln
über uns die Nächte hell,
nun die Tage dunkeln.
Trost, wir wähnten schier dein Licht
dieser Zeit vergangen;
doch du zeigst dein Angesicht
und beschämst das Bangen.

Wo die Not am größten war,
war das Heil gewaltig:
Wir erfuhren's
Jahr um Jahr
hunderttausendfaltig.
Jahr um Jahr und Frist um Frist
werden stark die Schwächsten;
wo die Nacht am tiefsten ist,
ist der Tag am nächsten.

Tag für Tag und Nacht um Nacht,
all und jeder Stunde

Botschaft, Hirten kundgemacht,
geht von Mund zu Munde.
Allerstund und überall
steigt der Herr vom Throne,
wird ein Kind und nimmt im Stall
bei den Tieren Wohne.

Ehrt denn ihn im Heiligtum
herrlich über allen,
habt auf Erden um und um
Fried und Wohlgefallen.
Sei verglichen aller Streit,
alle Fehde nichtig:
Weihnacht! – Macht die Tore weit,
macht die Steige richtig!

Rudolf Alexander Schröder

Die Krippe von Bethlehem ist der beste Ort für sehr traurige Menschen. Keiner darf denken: Mein Gepäck an Sorgen und Herzleid ist allzu schwer. Das heilige Kind hat wundersam starke Hände. Es hebt uns mit unserer Last aus den tiefsten Abgründen menschlicher Not heraus, hinauf zum Herzen seines Vaters. Wer aber zum Herzen Gottes hinaufgehoben ist, der wird wahrhaft froh und frei sein.

Friedrich von Bodelschwingh

Die Wintersonne ging hinter den gewaltigen kahlen Kalkstein-
höhen im Westen unter, wo der Weg sich ganz oben auf dem
Gipfel dahinschlängelte. Das flache Tal, das sich zur Wüste hin
senkte, lag bereits in blauer Dämmerung, und der Wind pfiff
schneidend und kalt über die Hochflächen. Die Ölbäume schienen ihre Blätter noch ein wenig mehr einzurollen und duck-
ten sich zusammen, grau und krumm, als ob sie sich vor der
Nachtkühle fürchteten. Die Schafe fraßen noch eifrig von den
grünen Blattrosetten, die der Herbstregen zwischen den Steinen
hervorgelockt hatte. Die Hirten blickten misstrauisch nach den
kleinen ausgefransten Wolken, die mit dem kalten Wind über
den Höhenkamm getrieben kamen. Sollte es vielleicht doch Regen geben? Wenn es nur endlich ein derartiges Unwetter gäbe,
dass auch die Bauern oben in der Stadt begriffen, dass es endlich
Zeit war, die Schafe hereinzuholen.

Hirt sein war ein Hundeleben. Das hatten sie schon tausendmal gesagt. Das war das Letzte, wozu man sich hätte entschließen
sollen. Den ganzen Sommer sich in der brennenden Sonnenhitze
herumtreiben, wie eine Geiß die Felswände entlangklettern, an
denen man sich verbrannte, wenn man sie berührte, und wie ein
Hund zwischen den Steinen schlafen, während die Hyänen ihr
widerliches Lachen lachten, niemals Schleuder und Keule von
sich legen können, alles Lebendige, was sich bewegte, immer mit
misstrauischen Augen ansehen müssen – und dann immer Sorge
haben, sobald eines der Tiere hinter den Steinwänden in einer
der schwindelnden Klüfte verschwunden war. Und dann diese
Winternächte, in denen man vor Kälte erstarrte und Stunde auf
Stunde auf den ersten blassen Streifen der Dämmerung über den
Bergen Nebo und Pisga wartete, »mehr als die Wächter auf den
Morgen, ja mehr als die Wächter auf den Morgen«, wie der König

David in dem Psalm sagte und wie die Pilger noch zu singen pflegten, wenn sie dort hinten von den Höhen bei Jerusalem hinunterzogen, wenngleich die nicht begriffen, wie man sich danach sehnen konnte, die Sonne wieder zu sehen.

König David hatte das jedenfalls gewusst. Auch er hatte ja merkwürdigerweise hier in der Wüste Schafe gehütet. Er hatte Durst gelitten und gefroren, er hatte sich mit Löwen und Bären herumgeschlagen und war direkt von der Herde gekommen, als er den Philister fällte. Aber ob er auch ein richtiger Hirte gewesen war, lausig wie ein Hund und hungrig wie ein Schakal? Er war ja doch ein Bauernsohn gewesen, und es war gewiss ein Unterschied zwischen ihm und den armen Schluckern, die mit den Tieren auf Bethlehems Fluren lebten.

Sie hatten aufgehört zu schwatzen und rückten an der Steinmauer zusammen, an der sie saßen und das Dunkel aus den Schluchten heraufkriechen sahen, die sich wie Risse im Boden der flachen Täler öffneten. Dann erhob sich der Älteste von ihnen und stieß einen langen rollenden Lockruf aus, einen gurgelnden Kehllaut, der die Schafe die Köpfe heben und durch das Dunkel spähen ließ. Aber dann verstummte er plötzlich und blieb, das Antlitz zu der letzten Dämmerung hingewandt, stehen.

»Guckt«, sagte er, »habt ihr jemals so etwas gesehen?«

Die anderen drehten sich langsam nach Westen. Der letzte schwache Glanz des Abendhimmels ließ den Horizont wie eine schwarze Silhouette hervortreten. Dort oben auf der Höhe bewegte sich eine Gesellschaft winzig kleiner Gestalten, die sich klar gegen die Wolken abzeichneten. Das war gewiss nichts besonders Merkwürdiges. Diese letzten Tage hatte man beinahe zu viel davon bekommen, all die Reisenden anzusehen. Seitdem der Kaiser sich diese Sache mit der Schätzung in den Kopf gesetzt hatte, war ja die ganze Welt auf den Beinen, und Leute, die viele Jahre lang nicht zu Hause gewesen waren, tauchten wieder auf, um ihres Bürgerrechts nicht verlustig zu gehen. Dass hier noch Nachzügler kamen, war nichts Besonderes, und dass sie es eilig zu haben schienen, war auch nicht merkwürdig, wo es so rasch dunkelte. Aber das Verwunderliche war, dass sie ritt. Der Mann ging mit langen Schritten voran und zog den Esel hinter sich her. Man konnte sehen, wie er sich aufgeschürzt hatte und den Stab fest in den Boden setzte. Und das Weib saß tatsächlich im Sattel. Darüber bestand kein Zweifel. Gewiss hatten sie im Laufe der Jahre Tausende ähnlicher Reisegesellschaften über die Höhen hinziehen sehen, aber immer war er geritten, und sie war mit ihrem Bündel auf dem Kopf oder ihrem Kind auf dem Rücken hinterhergegangen.

»Sie muss ziemlich krank sein«, sagte einer von ihnen. Die Gruppe verschwand unter der Horizontlinie gerade an der Stelle, wo das Grab Rahels lag und wo der Weg zum Stadttor von dem Landweg abwich, der weiter nach Hebron und ins Südland ging. Es entstand wieder Schweigen. Dann erhoben sie sich langsam und unlustig und begannen, die Schafe für die Nacht zusammenzutreiben.

Keuchend vor Eifer und Anstrengung kamen sie den Hang herauf. Sie stolperten über die Wurzeln der Ölbäume und stießen sich an den Steinen, aber sie hielten zusammen und fanden den Weg mit Hilfe des Sternenlichtes, das zwischen treibenden Wolken hindurchsickerte. Die Kunst, sich in pechschwarzer Nacht zurechtzufinden, hatten sie beim Suchen während vieler Nächte gelernt, wenn die Schafe die Dornhecken durchbrochen hatten oder ein Mutterschaf in der Felswüste verloren gegangen war.

Heute Nacht trieb sie etwas anderes, etwas, das sie noch nie erlebt hatten. So wie ihre Füße über die Steinblöcke stolperten, wirbelten ihre Gedanken durcheinander, und die Worte stockten auf den Lippen, wenn sie davon sprechen wollten. Das war zu viel auf einmal gewesen: das Licht, das klarer als der Tag war und doch kein Tag, die Herrlichkeit, die sie ganz und gar durchdrang und sie sich als die verworfensten Sünder fühlen ließ, gerade weil sie so unbeschreiblich herrlich war. Und dann er, der plötzlich dastand und mit einer Stimme sprach, die wie alle Troststücke in der Schrift und alle Verheißungen des Hochgelobten zusammengenommen war, lieblich wie die Füße der Boten, wenn sie über die Berge kamen, um gute Botschaft zu verkünden, und voll von dem Jubel, in den die Berge ausbrechen, wenn der Herr sein Volk trösten und sich seiner Bedrückten erbarmen wird. Die größte aller Freuden auf Erden verkündete er ihnen: Dort droben in der Stadt Davids sei der Messias geboren. In diesem Augenblick wurde der ganze Himmel voll vom Jubel der Heerscharen. Es brauste und glitzerte und sang. Da war ein Glanz, Klang und eine Herrlichkeit, die keine Worte beschreiben konnten.

In all diesem Unbegreiflichen war eins durchaus gut zu verstehen. Das war das Zeichen, von dem er gesprochen hatte, das Zeichen, das Gott ihnen als Siegel auf all dieses gegeben hatte. Das zu suchen waren sie nun unterwegs: das neugeborene Kind, das sie finden sollten, in Windeln gewickelt und in einer Krippe liegend.

Sie hatten den Pfad erreicht, der an der langen Steinmauer entlang aufwärts führte. Jetzt bestand keine Schwierigkeit mehr, sich zurechtzufinden. Oberhalb der Mauer lag eine der vielen Terrassen mit Saatfeldern, die die Stadt umgaben. Dort auf diesen Feldern hatte Ruth einstmals Ähren gelesen, so wie es in der Schrift stand und wie jedes Kind in Bethlehem von seinem Vater hatte erzählen hören. Ruth war ja Moabiterin gewesen, und doch war sie Stammmutter des Königs David! Das war verwunderlich. Die Schriftgelehrten sagten ja, dass ein Beschnittener sich niemals mit einem fremden Weibe abgeben dürfe. Aber wenn der Messias heute Nacht aus Davids Geschlecht geboren war, dann war er also den Geringen und Verachteten in dieser Hinsicht gleich.

Sie waren zu dem großen offenen Platz vor der nordöstlichen Ecke der Stadt gekommen. Die dicht aneinander gebauten Häuser lagen dunkel und schweigend vor ihnen. Nur in einer der Felshöhlen leuchtete ein kleiner flackernder Schein von einer Öllampe.

Dieses Licht war etwas Ungewöhnliches. Die Hirten kannten die Grotte dort hinten gut. Unzählige Male hatten sie ihre Tiere durch die Öffnung ein- und ausgetrieben. Für gewöhnlich gähnte sie immer dunkel unter dem Felsvorsprung, und die Tür in der halbhohen Steinmauer pflegte geschlossen zu sein. Nun stand sie angelehnt, und das Licht schimmerte durch die Ritze.

Erst als sie in das Felsgewölbe eintraten, bekamen sie die Erklärung. Heute Nacht wohnten Leute in der Grotte, offensichtlich arme Reisende, die aus der Herberge ausgetrieben waren. Sie hatten eine Öllampe angezündet, die in einer Felsnische stand. Die Flamme war kaum mehr als ein blass leuchtender Tropfen auf der äußersten Spitze der Lampe, aber für die nachtgewohnten Augen der Hirten leuchtete sie hell genug. Mit einem einzigen Blick hatten sie die ganze Szene erfasst: das blasse Antlitz der jungen Frau, die sich rückwärts gegen das Stroh lehnte und sie mit guten Augen ansah, den Mann, der sich von ihren armseligen Bündeln aufrichtete, in denen er gewühlt hatte, die Tiere in der Ecke, die mit großen unergründlichen Augen ins Licht blickten, und dann das Kind, das Zeichen, das zu sehen ihnen verheißen war und das nun da vor ihren Augen lag.

Unbeholfen blieben sie auf dem Lehmfußboden stehen und schauten. Der Kleine lag fest in seine Windeln gewickelt wie alle anderen Kinder, ein kleines neugeborenes Menschenwesen, auf das Stroh in der Steinkrippe gebettet, die im Fels ausgehauen war, ganz tief drinnen zur Linken unter dem Felsdach.

Das Weib sah sie immerzu mit den gleichen getrosten, guten Augen an. Da begannen sie stammelnd zu erzählen. Es klang so wunderlich und ließ sich nicht richtig sagen. Sie hatten das Gefühl, dass sie ausgelacht werden müssten. Aber das Weib nickte leise, als ob sie verstanden hätte. Sie fühlten sich ermuntert und redeten freier. Einige Fremde kamen herein, die mit dem Mann bekannt zu sein schienen. Ihnen allen erzählten sie, was sie diese Nacht erlebt hatten. Sie waren nicht länger scheu. Die erste Hitze war wieder über sie gekommen. Sie lasen großes Staunen auf den Gesichtern der anderen, Staunen, aber keinen Hohn. Und das Weib sah sie klug und gut an.

Sie fühlten sich hier so merkwürdig zu Hause. Das feuchte Stroh, der Mist auf dem Boden, der Geruch der Tiere und die Nachtkühle von draußen – das war ihre eigene armselige Welt. Und mitten in dieser Armut fanden sie das Zeichen, das ihnen verheißen worden war. Erstaunt und glücklich, mit gedämpften Stimmen und ungeschickter Zärtlichkeit standen sie vor der Krippe.

»Genau wie einer von uns«, sagte der Älteste von ihnen.

Dann mussten sie zurück zu ihren Tieren gehen. Als sie unter den großen Bäumen draußen vor der Grotte dahinschritten, mussten sie wieder an etwas Seltsames denken. Es hieß, dass hier der Platz sei, wo Samuel mit Isai und seinen Söhnen Opferfest gehalten habe. Hier hatte er Öl auf das Haupt Davids ausgegossen und ihn zum König gesalbt. Hier war der Anfang des Glanzes über dem Hause Davids gewesen, und hier war also heute Nacht der geboren, der der letzte und größte von allen Herrschern auf dem Throne Davids werden sollte.

Da priesen sie Gott und sangen das Lied des Propheten Micha von Bethlehem-Ephrata, das Lied, das jedes Kind in Bethlehem auswendig konnte. Und als ihre schrillen, heiseren Stimmen an die Stelle kamen, wo geschrieben steht:

Indes lässt er sie plagen bis auf die Zeit,
dass die, so gebären soll, geboren habe …,

da brachen sie in neue Lobpreisungen aus. Sie priesen sich glücklich, dass sie zu sehen bekommen hatten, was Jesaja vorausgesagt hatte: »Uns ist ein Kind geboren, ein Sohn ist uns gegeben.« Und zuallermeist priesen sie Gott, dass der, der Wunderbar, Rat, Kraft, Friedefürst heißen sollte, ganz wie einer von ihnen gekommen war, ebenso arm und unbeachtet wie die Elendsten unter seinen Brüdern in Israel.

Bo Giertz

Herr, dass mein Alles dir gehört

Wo kommst du her,
wenn du an Seiner Krippe kniest?
Aus tausend wirren Gassen,
in denen Hass und Angst und List
und Sorge nach mir fassen:
Da komm ich her.

Wo gehst du hin,
wenn du zu Seiner Krippe fliehst?
Zu dem, der mir gewogen,
der mich aus Sorge, Angst und List
und Hass zu sich gezogen:
Da geh ich hin.

Was bringst du mit,
wenn du zu Seiner Krippe trittst?
Ein Herz voll Not und Schulden;
so voll, dass du nicht für mich bitt'st.
Kann keiner mich erdulden.
Das bring ich mit.

Wo gehst du hin,
wenn du von Seiner Krippe eilst?
In tausend wirre Gassen,
wo du die Not mit allen teilst,
wo Angst wohnt, wo sie hassen:
Da geh ich hin.

Was bringst du mit,
wenn du von Ihm zurückgekehrt?
Ich bin nicht mehr mein Eigen.
Herr, dass mein Alles dir gehört,
lass es mich liebend zeigen
auf Schritt und Tritt.

Hans Rupp

Sie wünschte sich drei Freundinnen

Ich kann mich nicht erinnern, in der Sowjetunion ein Weihnachtsfest erlebt zu haben, wie es meine Eltern und Großeltern noch vor dem Ersten Weltkrieg unter ihren Glaubensbrüdern in der Molotschna feiern konnten. Ich weiß aber noch recht gut, wie meine Mutter jene Zeit zu schildern wusste – den gemeinsamen Kirchgang mit der ganzen Familie und die festlichen Zusammenkünfte im großen Kreis unserer Sippe. Ihr Erzählen hat sich mir so eingeprägt, dass ich oftmals gemeint habe, selbst dabei gewesen zu sein bei allen diesen Herrlichkeiten, den glitzernden Christbäumen, den großen Broten und den Gänsebraten, den vielen schön verpackten Geschenken und dem wärmenden Ofen aus grünen Kacheln.

Nun, die Wirklichkeit hat leider anders ausgesehen. Woran ich mich tatsächlich erinnern kann, das sind die endlosen kalten Wintertage, die ich als Kind in den verschneiten Baracken eines Arbeitslagers verbringen musste, während meine Mutter und die größeren Geschwister im Wald draußen werkten. Da haben die Frauen, die zu alt oder zu hinfällig waren, um beim Holzfällen mitzuarbeiten, uns Kindern oft Märchen erzählt, wie sie in meine Vorstellungen vom Weihnachtsfest hineinpassten. Sie taten es, um die Kleinen, die vor Hunger und Kälte weinten, hinzuhalten und zu beruhigen. Das war in den Wäldern von Wologda zur Weihnachtszeit im siebenundvierzigsten Jahr.

Später, als wir schon von der Kommandantur befreit waren und in Jaroslawl Oblosk wohnten, zu jener Zeit, als ich selber schon verheiratet war und Kinder hatte, da habe ich ihnen meinerseits erzählen müssen, wie ein rechtes Weihnachtsfest sich ausnehmen kann, wenn man es unter seinesgleichen feiern darf. Wir haben damals schon versucht, nach Deutschland zu kommen, sind aber immer wieder abgewiesen worden. Von Jaroslawl sind wir deshalb nach Estland gezogen, wo man, so hat es geheißen, leichter zu einem Reisepass kommen konnte als im Ural. Aber die Kinder, die vorher mit ihrer Umwelt russisch hatten sprechen müssen, mussten hier das Estnische erlernen, und das Deutsche wurde ihnen immer schwerer. Fanden auch nie einen rechten Anschluss an gleichaltrige Kinder, wurden ebenso Fritzen und Faschisten genannt, wie es schon uns Eltern als Kinder ergangen war.

Nun war es Gottes Fügung, dass wir im Sommer 1977 nach Deutschland kommen konnten. Es war schon im Spätherbst, und Weihnachten stand vor der Türe. Das erste Weihnachtsfest, das wir in Deutschland feiern sollten, und gerne hätten wir es nun so ausgerichtet, wie wir es den Kindern in Russland verheißen hatten. Wie das aber möglich machen? Sind wir doch wirklich fast ohne Geld dagestanden und waren in dieser fremden Stadt ganz ohne Freunde und Verwandte; aber von den Amtspersonen und auch von den Brüdern, die bei der Kirchengemeinde arbeiteten – dort hatten wir uns inzwischen auch gemeldet –, wurde uns immer von »Integration in die hiesige Gesellschaft« gesprochen, was wohl so viel heißt wie »Anschluss an die Einheimischen« zu finden. Hat in unseren Ohren recht gut geklungen – aber wie war das anzupacken? Haben uns einfach nicht getraut, auf unbekannte Menschen zuzugehn, auf unsere Nachbarn zum Beispiel, die damals noch über uns weggesehen haben, wie man über Fremde wegsieht, mit denen man nichts zu tun haben will.

Das hat uns sehr bedrückt, meine Frau und mich – auch unsere Älteste. Die Kleine aber, die achtjährige Karline, die kümmerte das herzlich wenig. Sie ging mit Begeisterung zur Schule, obwohl sie es dort bestimmt nicht leicht hatte, sie konnte doch vorerst kaum einen deutschen Satz formen, obwohl sie unsere Sprache eigentlich ganz gut verstand. Ihre kleinen Mitschüler aber ließen sich nicht mit ihr ein – für die war sie die »Russin«, mit der man keine Freundschaft schloss, mit der man aber allerlei Spaß und Spott treiben konnte. Karlinchen aber nahm es ihnen gar nicht übel.

Eines Tages nun brachte sie ein kleines Büchlein mit nach Hause, ein Geschenk, wie sie sagte, von irgendeiner »Oma«, mit der sie sich auf dem Hausflur bekannt gemacht hatte. In diesem Büchlein waren Weihnachtslieder aufgezeichnet, und Karline verkündete, dass sie alle Verse bis zum Christtag auswendig lernen wollte. Einige Melodien kannte sie schon, zum Teil von uns, zum Teil von Estland her. Beim Buchstabieren der Verse hat ihr, so scheint's, diese unbekannte Oma heimlich beigestanden, denn es dauerte nicht lange, da begann Karline diese Strophen auch zu singen. Und sie sang nicht nur bei Tag, sie sang sogar zu nachtschlafender Zeit – denn regelmäßig war sie morgens schon um fünf Uhr wach, setzte sich im Bett auf und summte zunächst mit leiser, dann mit immer lauterer Stimme ihre Lieder durch, schließlich schallte ihr Singen fröhlich durch die ganze Wohnung, dass alles erwachte und zuhören konnte. So oft wir's auch versuchten, sie wieder zum Einschlafen zu überreden, es half nichts – Karlinchen sang mit großem Fleiß ihre Lieder und bereitete sich so auf ihre eigene Weise für das Weihnachtsfest vor. Schließlich konnte sie zufrieden feststellen: »Jetzt kann ich sie alle!«

Weniger zufrieden waren wir Eltern. Denn – wie ich schon gesagt habe – Geld war keines da, und doch hätten wir so gerne ein paar schöne Geschenke für die Kinder besorgt. Sahen wir doch jeden Tag in den hellen Schaufenstern der Stadt all den Reichtum, der da angeboten wurde, und mussten uns fragen, wer in Gottes Namen denn hierzulande, wo jeder aufs beste versorgt war, dies alles noch kaufen würde – den Hausrat, die Möbel, Töpfe und Tücher, Gardinen und Teppiche, die Kleider, Schuhe und Stiefel, die elektrischen Apparate, die Bücher, Blumen und das kostbare Geschmeide. Von den Lebensmitteln ganz zu schweigen! Mit den Köstlichkeiten, die in einem einzigen Laden ausgelegt waren, mit dieser Fülle hätte man die Einwohner einer ganzen sowjetischen Stadt für die Feiertage glücklich machen können. Es war aber nicht gut, beim Anblick dieses Überflusses auch nur an jene zu denken, die im Osten drüben beim täglichen Schlangestehen um Butter oder Fleisch die Zeit vergeuden müssen. Denn wenn man daran dachte, wurde einem schwer ums Herz, und keine rechte Freude wollte aufkommen.

Dann aber erlebten wir eine Überraschung – es war wie ein Wunder! Mir wurde Weihnachtsgeld ausgezahlt. Darauf hatte ich nun wirklich nicht gehofft, denn ich war noch keine vier Wochen bei der Arbeit am Fließband.

Und voller Freude konnten wir nun daran denken, für Weihnachten vorzusorgen. Fragten die Mädchen, was sie sich wünschten. »Ach«, sagte Helene, die Ältere, vernünftig wie sie war, »ich will kein teures Geschenk – aber ich möchte recht viele Päckchen unter dem Christbaum finden, so wie es bei Großmutter üblich war. Sie können leer sein, müssen aber in schönes Papier gepackt sein, und es soll bloß in einem einzigen etwas enthalten sein. Das ist dann die Überraschung!«

Karlinchens Wunsch zu erfüllen, schien uns ganz unmöglich: »Ich wünsche mir drei Freundinnen«, sagte sie, ausgerechnet drei sollten es sein, und davon war keine abzuhandeln. Ja, nun mussten wir uns eben nach anderen Gaben umsehen, gingen in die Stadt, besorgten einen Christbaum und bunten Schmuck, kauften auch einige Geschenke, keinen Reichtum, aber praktische Sachen, und alles haben wir schön eingewickelt in buntes Seidenpapier und mit goldenem Bindfaden umschnürt. Haben alles unter den Baum gelegt und sind dann abends zur Kirche gegangen.

Der Gottesdienst war von unserem Pastor schon gut vorbereitet worden. Es gab einen riesigen strahlenden Christbaum, Orgelmusik, Predigt und Gebet in deutscher Sprache, so wie wir es uns immer gewünscht hatten. Und dann traten viele Kinder auf, kleine und große, standen im Altarraum und trugen einzeln und gemeinsam Lieder und Gedichte vor. Unsere beiden Mädchen waren natürlich nicht unter ihnen, denn wir waren ja noch unbekannt in dieser fremden Stadt und auch in der Gemeinde.

Karlinchen sitzt auf der Bank zwischen ihrer Mutter und mir und horcht und guckt aufmerksam um sich. Wird dabei immer unruhiger, rutscht auf dem Sitz hin und her und scharrt mit den Füßen. Plötzlich aber springt sie auf, drückt sich an uns vorbei und läuft nach vorne, direkt zu dem Pastor hin, der eben den nächsten Jungen zu einem Vortrag auffordern will, stellt sich neben dem Taufbecken auf, so wie sie es bei den andern Kindern gesehen hat, und beginnt zu singen: »Ihr Kinderlein, kommet, o kommet doch all, zur Krippe her kommet in Bethlehems Stall, und seht, was in dieser hochheiligen Nacht der Vater im Himmel für Freude uns macht!«

Das war eines der Lieder, die sie mit so viel Mühe und Ausdauer gelernt hatte. Ihr Deutsch klang noch ein wenig fremd, aber sie sang den Text ganz fehlerlos, knickste schließlich artig, wie sie es bei den Pionieren in Reval gelernt hatte, und stellte sich dann zu den anderen Kindern vor den Altar hin.

Der Pastor hatte zuerst eine erschrockene Handbewegung gemacht, war genauso bestürzt wie wir. Doch als alles so gut ging, setzte er eine freundliche Miene auf, und auch wir mussten lächeln, aber – ich sag es, wie es ist – fast hätten wir dabei geweint, und gewiss nicht vor Kummer!

Zu Hause unter unserem Weihnachtsbaum feierten wir dann das Fest, so wie wir es uns immer vorgestellt hatten. Es waren alle Sorgen von uns genommen, auch die Ängste, die uns früher ständig geplagt hatten. Und inmitten all der Freude und Dankbarkeit nahm ich meine kleine Tochter vor, versuchte zu erforschen, weshalb sie sich in der Kirche so sonderbar betragen hatte. Und dann bekam ich zu hören, dass die Kinder in der

Schule schon seit Wochen von der Weihnachtsfeier gesprochen, ihr aber immer zu verstehen gegeben hätten, dass sie dabei nicht gebraucht werden könne mit ihrem Russisch und ihrem schlechten Deutsch. Da hatte sie sich eben vorgenommen, alles das zu lernen, was die anderen Kinder schon konnten oder eben erst selber lernen mussten. Denn, so meinte sie, wenn alle Kinder Weihnachten feiern, dann müsste sie auch dabei sein, sie gehörte doch jetzt auch zu ihnen. Ihre große Hoffnung, »Weihnachten in Deutschland«, erfüllte sich doch eben in aller Wirklichkeit – hätte sie da abseits stehen können? Und eben darum hat sie sich in die Kinderschar von selber eingereiht – und will sich auch in Zukunft nicht mehr ausschließen lassen.

Was die kleine Karline uns damit über »Integration« gelehrt hat, das hat uns nachher allen sehr geholfen, mit den Menschen in der neuen Heimat zurechtzukommen. Und Karlinchen hat ihre drei Freundinnen inzwischen auch gefunden – vielleicht sogar noch einige mehr!

Aufgezeichnet nach dem Bericht eines Spätaussiedlers
von *Gisela Szikely*

Gebet

Herr Gott, himmlischer Vater, der du durch die lieben Engel den armen Hirten auf dem Felde hast verkündigen lassen, sie sollten sich nicht fürchten, sondern freuen, dass Christus, der Heiland, geboren sei: Wir bitten dich, du wollest durch deinen Heiligen Geist alle Furcht aus unsern Herzen treiben und diese wahre, rechte Freude in uns erwecken. Und wenn wir gleich hier auf Erden verachtet, elend, arm und verlassen sind, dass wir uns dessen trösten und freuen, dass wir deinen lieben Sohn, Christus, unsern Herrn, zum Heiland haben, der um unsertwillen Mensch geworden ist, dass er uns wider Tod und alles Unglück helfen und uns in Ewigkeit selig machen wolle. Amen.

Kinderpostille von 1549

Ungewöhnliche Leute vor der Krippe

Auf dem Bücherbord gegenüber meinem Schreibtisch steht fast jedes Jahr, wenn es Weihnachten wird, ein kleines Foto, das mir besonders lieb ist. Ich habe es so aufgestellt, dass während der Arbeit mein Blick hin und wieder darauf fällt. Es hat gar keinen Kunstwert. Irgendjemand hat nur die Szene eines weihnachtlichen Krippenspieles geknipst. Auch der Aufbau dieser Szene zeigt keineswegs das, was man großes Theater nennt. Man sieht eine größere Schar meist jüngerer Männer in langen weißen Gewändern und mit Kerzen in der Hand auf einen Altar zuschreiten. Auf diesem Altar, ganz offensichtlich ein Produkt der Gründerzeit und also in ästhetischer Hinsicht keineswegs erbaulich, stehen, knien und liegen vier Männer, die der herannahenden Schar mit höchstem Erschrecken entgegensehen: Der eine hält die Hand vor die Augen, als ob er geblendet wäre, ein anderer scheint in Deckung zu gehen, und ein Dritter macht eine Geste der Kapitulation. Es ist ganz klar, was hier gemeint ist: Die weiß gekleideten Gestalten sind die himmlischen Chöre der Engel, und die vier Männer auf dem Altar sind die verwetterten und erschreckten Hirten.

Manchmal greift einer meiner Freunde, wenn er mich besucht, nach dem Bild und fragt ein wenig erstaunt: »Warum hast du gerade das hier stehen?«

Meist sieht er ein bisschen hilflos aus, wenn er so fragt, denn der Takt verbietet ihm, noch hinzuzufügen: »Und dazu noch ein so gewöhnliches Bild – ein Bild ohne jeden Kunstverstand!«

In solchen Fällen lasse ich meine Besucher gern etwas raten und frage sie: »Ja, was meinen Sie denn wohl, wer diese Leute hier sind?« Es ist dann sehr eigenartig, wie fast alle die gleiche Antwort geben. Sie sagen nämlich: Ja – wer das wohl ist? Jedenfalls fällt einem der gesammelte, der geradezu ergriffene Gesichtsausdruck der Darsteller auf. Sie sind offenbar ganz »dabei«, und es ist für sie sicher sehr viel mehr als bloßes Spiel. Wahrscheinlich sind es wohl Leute aus einer christlichen Gemeinde, vielleicht ein Kerntrupp dieser Gemeinde. Einer meint sogar, es sei womöglich eine Diakonenschule oder so was Ähnliches.

Ich kann es dann manchmal kaum erwarten, bis ich das Ratespiel beenden und ihnen reinen Wein einschenken kann. – »Sie haben gründlich vorbeigeschossen«, sage ich ihnen dann. »Aber ich verstehe, wie Sie zu Ihrer Vermutung kamen. Die Leute sind wirklich dem Weihnachtswunder nahe und haben es in ihr Herz geschlossen. Sie spielen ihre Andacht keineswegs, sondern sie sind wirklich ›dabei‹. Aber es ist kein christlicher Männerverein und auch keine Diakonenschule. Es ist die Aufnahme von einer Weihnachtsfeier in der Vollzugsanstalt B. Ich habe da vor einiger Zeit mal zu den Gefangenen gesprochen und sie in ihren Zellen besucht. Sie hörten zu – nun, ich kann nur sagen: wie Verdurstende. Der Gefangenen-Pfarrer schenkte mir dann dieses Bild. Ich kann mich nicht mehr davon trennen. ›Sehn Sie diesen Jungen hier‹, sagte mir damals der Pfarrer, ›der hat um einer Armbanduhr willen im Streit seinen Freund erschlagen.‹ Dem ist nun schon Jahr für Jahr immer die gleiche Szene anvertraut. Er kniet vor der Krippe und sagt: ›Ich lag in tiefster Todesnacht, du warest meine Sonne.‹ Ich sage Ihnen: Wenn Sie das aus diesem Munde hören, geht es Ihnen durch und durch.«

Warum ist mir dieses Bild so nahegegangen, und warum geht es meinen Besuchern auch nahe? Ich frage mich durchaus selbstkritisch, ob sich in dem, was mich da beeindruckt, nicht eine gewisse Anfälligkeit für Sentimentalität und Kitsch melden könnte. Der Schimmer der weihnachtlichen Kerzen und das milde Fest der Liebe in Kontrast zu Mördern und Gewaltverbrechern, die hier als Engel maskiert sind, diese Melodramatik könnte Courths-Mahler näher stehen als dem Evangelisten Lukas. Aber ich fürchte: Mit dieser snobistischen Deutung würde ich nur von mir abtun wollen, was mich in einer viel tieferen Schicht meines Ichs angerührt, was mich nämlich ins Herz (und keineswegs nur ins Nervensystem!) getroffen hat. Denn das Wunder, das auf diesem Bilde festgehalten wurde, ist doch dies: Hier wandern Menschen aus einer sehr düsteren Vergangenheit auf die Krippe zu, und das Weihnachtslicht trifft ihr verpfuschtes Leben. Indem es sie aber so trifft, leuchten sie davon auf. Denn obwohl sie aus verschlossenen Zellen kommen und nachher hinter Schloss und Riegel zurückkehren, dürfen sie nun unter dem geöffneten, unter dem »entriegelten« Himmel stehen. Von einigen unter ihnen habe ich erfahren, dass sie, wie der verlorene Sohn am Schweinetrog, kehrtgemacht, dass sie dies segnende Licht zu glauben gelernt haben und unter ihm neue Menschen geworden sind. Sie spielen nun nicht mehr, sondern es ist ihnen ernst. Sie sagen auch keine eingetrichterten Verschen auf, sondern sie bekennen. Und wenn der eine sagt: »Ich lag in tiefster Todesnacht, du warest meine Sonne«, dann ist es ein Wunder.

Vielleicht denkt jetzt der eine oder andere Leser: Eigentlich ist es ein harter Brocken, den er uns da zumutet. Sicher sollen die Kriminellen auch ihre Seelsorge und meinetwegen auch ihre Weihnachtsfeier haben, damit sie in sich gehen. Aber mich als seriösen Bundesbürger mit denen auf eine Stufe zu stellen, das heißt denn doch, das Christliche zu überstrapazieren!

Es wäre in der Tat falsch und auch gar nicht im Sinne des Weihnachtsevangeliums, wenn man alle Unterschiede zwischen Begabten und Dummen, Tüchtigen und Versagern, Redlichen und Spitzbuben einebnen wollte. Es geht hier um etwas ganz anderes, und ich will es in zwei verschiedenen Gedanken auszudrücken versuchen:

Es geht *einmal* darum, dass Gott an Weihnachten zu uns in die Tiefe kommt. Ich muss nicht erst religiöse Gefühle aufbringen und es innerlich und äußerlich zu etwas gebracht haben, damit er zu mir kommt. Er kommt in den Stall, zu den

Trostlosen, Kranken und Verzweifelten, er wandert mit in den Flüchtlingstrecks, und wenn in meiner letzten Stunde einmal alle und alles mich verlässt, dann kann ich sagen: »Wenn ich einmal soll scheiden, so scheide nicht von mir.« Denn auch in das dunkle Tal des Todes ist er gekommen. Krippe und Kreuz sind aus demselben Holz.

Und dann noch das *Zweite:* Irgendwo in seinem Leben ist jeder von uns arm. Vielleicht sieht man das nach außen nicht. Denn wir Menschen wissen sehr wenig voneinander. Vielleicht sorge ich mich oder habe eine Schuld auf mich geladen oder bin krank oder bin von verzehrenden Wünschen gepeitscht, die nie in Erfüllung gehen. Die Gefangenen auf dem Bild stellen diese eine Seite in mir dar. Was bei mir ein verborgenes Dunkel ist, das ist bei ihnen zum Ausbruch gekommen. Aus diesem Dunkel war kein Licht herauszuholen. Hier waren nur Finsternisse, Labyrinthe und ausweglose Sackgassen. Aber nun steht der Widerschein eines *anderen* Lichtes auf ihren Stirnen. Längst, ehe sie zu fragen begannen, ob es für sie noch Sinn und Hoffnung gebe, war schon jemand zu ihnen unterwegs. Weihnachten sagt uns: Gott holt uns ab, ganz gleich, wo wir stehen. Und wenn alles zu Ende zu sein scheint, beginnen erst die Möglichkeiten Gottes.

Darum wird Weihnachten am ehesten von denen verstanden, die keine menschliche Hoffnung mehr haben. Man braucht nur die Kummerspalten der Presse zu lesen, um zu wissen, wie viele das sind. Selbst wenn sie sich von Gott verlassen fühlen, wenn er längst von einem bodenlosen Nichts verdrängt zu sein scheint, können sie noch mit einem letzten Gedanken begreifen, dass hier jemand ist, der für sie da sein wollte und der die Solidarität mit ihnen nicht verschmähte.

In James Baldwins Roman »Eine andere Welt« kommt das in einer weltlichen, fast allzu weltlichen Weise und obendrein in einem Stil zum Ausdruck, der bei christlichen Ansprachen bestimmt nicht üblich ist: Der junge Neger Rufus hat ein verpfuschtes Leben voller Irrungen und Wirrungen hinter sich. Was er als Kind geglaubt und was ihn lange zuvor in väterliche Geborgenheit gehüllt hatte, ist längst für ihn verschwunden und unreal geworden. Nun steht er auf einer Brücke bei New York in eisiger Kälte und wird im nächsten Augenblick seinen Todessprung tun. Da schaut er noch einmal zum Himmel auf (den es doch gar nicht mehr gibt!), und in wilder Verzweiflung bricht der Fluch aus ihm heraus auf alles, was ihm einmal Bergung schenkte und nun für ihn verloren ist: »Du Lump«, dachte er, »du kotzdreckiger, bin ich nicht auch dein Kind?« Und dann, als er gesprungen war und durch die Luft sauste: »Mag's denn sein, du kotzdreckiger, gottallmächtiger Lump, ich komme zu dir.«

Lassen wir das Schaudern ruhig einmal über unsere Haut kriechen, wenn wir diese Ungeheuerlichkeiten hören. Aber dann sollten wir die Frage stellen: Hätte er sich und Gott so verfluchen, ihn gleichzeitig aber mit »Du« anreden und ihm seine Ankunft ankündigen können, wenn ihn nicht das Geheimnis von Weihnachten angerührt hätte? – Jenes Geheimnis, das ihn wissen ließ: Ich klebe im Schlamm meiner Verpfuschtheit fest, ich fühle keinen Himmel mehr. Es gibt aber einen, der nicht im Himmel geblieben, sondern zu mir in diesen Schlamm gekommen ist. Darum wird er aus meinem verruchten Gebrüll noch die Stimme des Kindes heraushören, das Heimweh nach ihm hat. Wo kein Mensch ist und zuhört, da wird er zur Stelle sein und mich empfangen.

Vielleicht muss man einmal das Weihnachtsfest so verfremden, um inmitten des Breis von Sentimentalität und Zuckerguss die harte Substanz zu finden, die es enthält. Denn sein Sinn ist nicht die Verneblung des Gemüts, sondern der Trost des Herzens, das sich verloren weiß.

Helmut Thielicke

Die Stimmen der Anbetung

Wir suchen dich nicht.
Wir finden dich nicht.
Du suchst und Du findest uns,
Ewiges Licht.

Wir lieben Dich wenig,
Wir dienen Dir schlecht,
Du liebst und Du dienst uns,
Ewiger Knecht.

Wir eifern im Unsern
Am selbstischen Ort,
Du musst um uns eifern,
Ewiges Wort.

Wir können Dich, Kind
In der Krippe, nicht fassen.
Wir können die Botschaft nur
Wahr sein lassen.

Albrecht Goes

Teil 3

Weihnachtsfreude – auch in dunkler Zeit?

Weihnacht

So dunkel war die Nacht noch nicht,
der Himmel ohne Stern und Licht,
die Welt so ohne Freudenschein,
das Herz in Trauer so allein.
Und als die Nacht am tiefsten war,
das Herz am allerbängsten,
rief Gott durch seine Engelschar
die Welt aus ihren Ängsten.

So ward der Himmel nie erhellt,
noch nie so licht die weite Welt,
so ward der Erdkreis nie erneut,
das Menschenherz noch nie erfreut.
Aus Gottes Lieb in heiliger Nacht
ist uns ein Kind geboren!
Dies Kind hat Gottes Licht gebracht
der Welt, die ganz verloren.

Welt, dir ist wunderlich geschehn!
Mein Herz, heb an, es auch zu sehn!
Ihr Augen, schaut, was Gott getan!
Du Erde, sieh und bete an!
Das Licht scheint in der Finsternis,
muss Raum und Zeit durchdringen!
Und keine Macht, das ist gewiss,
kann dieses Licht bezwingen!

Arno Pötzsch

Die rettende Krippe

Zehn Tage vor Weihnachten war Bernhards Fronturlaub abgelaufen. Die Jungen, Unverheirateten, sollten rechtzeitig zurück sein, wo Familienväter in der Kompanie darauf warteten, das Fest mit Frau und Kindern daheim feiern zu dürfen.

Jeder Liebe und Fürsorge zugänglich, ließ sich Bernhard von seiner Mutter vor der Rückreise an die Front einpacken, was sie ihm zugedacht hatte. Die Krönung aller Gaben war die kleine Weihnachtskrippe mit dem gefächerten Flügelrad, die seit eh und je Bernhard entzückt hatte, wenn sich, durch die Wärme der brennenden Kerzen bewegt, das Propellerrad über ihr zu drehen begann und mit ihm die fußende runde Scheibe mit Hirten und Königen um Josef und Maria und das Christuskind. Nichts Weihnachtlicheres glaubte die Mutter ihrem wieder in den Krieg ziehenden Sohn mitgeben zu können als dieses ihnen allen so vertraut gewordene Spiel von Licht und Wärme, das im lautlosen Kreisen die innigste Weihnachtsweise beschwören konnte.

In jenen Tagen kurz vor Weihnachten verschoben sich im Angriff und Gegenangriff die Fronten und wechselten das Gelände. Auch Bernhards Regiment befand sich nicht mehr an dem Abschnitt, von dem aus er in Urlaub gegangen war. An der Frontleitstelle, an der er den neuen Ort zu erkunden versuchte, traf er indessen zwei Kameraden der Nachbarkompanie, die auch vom Heimaturlaub zurückgekehrt und auf dem Wege zur Truppe waren. Zu dritt machten sie sich auf und wären je eher, je lieber bei ihren Kameraden eingetroffen.

Aber zu allem Ungewissen hatte der Winter Schneestürme und Verwehungen gebracht. Fahrzeuge blieben stecken und wurden eingeschneit, Verbindungswege waren verschüttet, und Freund und Feind irrten im Niemandsland. Über den vergeblichen Versuchen, zur Truppe zurückzufinden, war das Weihnachtsfest herangekommen. Bernhard, der den Karton mit der Krippe besonders gehütet hatte, wollte es zu guter Letzt erzwingen, am Heiligabend bei seinen Kameraden zu sein, um ihn so zu feiern, wie er es sich vorgestellt hatte. Es gelang ihm auch, einen Handschlitten zu beschaffen, auf den sie ihr Gepäck laden konnten. Die wenigen Lichtstunden, die der dämmernde Tag um diese Jahreszeit sonst noch freigab, wurden von einem dunkeltrüben Gewölk verschluckt, und so instinktmäßig die drei Urlauber durch Schneewechten und über Blachen eine Richtung zu halten versuchten, sie irrten und liefen Gefahr, nicht aus noch ein zu wissen und erschöpft vom Schnee- und Eissturm vergraben zu werden. Ein Heiliger Abend schien bevorzustehen, wie ihn die ärgste Verwünschung nicht wahrhaben wollte, und Bernhard hörte schon Vorwurf und Anklage, als er eine eingewehte Kate gesichtet zu haben glaubte. Sie hielten darauf zu und erkannten nun alle drei an der windgeschützten Seite auch zwei kleine vereiste Fenster.

Bewohnt war die Kate und schien vom Krieg unberührt geblieben zu sein. Ein schwacher Rauchschwaden deutete darauf hin.

Bernhard schaufelte sich mit den Händen einen Zugang zum Windfang frei, während seine Kameraden den Rücken sicherten. Aber es bedurfte keiner besonderen Vorsicht. In der Kate lebte nur die Großmutter Larissa mit ihrem neunjährigen Enkel Aljoscha.

Durchwittert und bereift, die Kapuze des Anoraks über dem Kopfe, stand Bernhard im niedrigen Türrahmen und grüßte. Die Alte, vom schwachen Schein einer Ölfunzel deutlich gemacht, zeigte keine Überraschung und erwiderte den Gruß. Mit den Augen eines Quartiermachers blickte sich Bernhard um und gab zu verstehen, dass sie zu dritt seien und sich nur eine Weile aufwärmen wollten.

Bisher hatte keiner der drei Verirrten von Weihnachten gesprochen, obwohl jeder sehnlich daran gedacht hatte. Nun sollte es doch noch möglich werden, Heiligabend zu feiern, und sogar in Wärme und Geborgenheit wie im Herzen der Welt. Kerzen wurden angesteckt, ein Punsch gebraut und mit Äpfeln und Nüssen, Lebkuchen und Süßigkeiten der heimatliche Weihnachtszauber ausgebreitet. Larissa, die Großmutter, blickte mit Aljoscha feierlich zu, wie wenn es eine Schickung sei, dass die drei Fremdlinge gerade heute in ihre Hütte gekommen seien und sie im Kerzenlicht so wunderbar erhellten. Waren es nicht auch drei Könige gewesen, die zum Stall kamen? Ja, es gab noch Zeichen reinen Friedens.

Aljoscha fand nicht aus dem Staunen heraus. Bevor die drei Deutschen erschienen waren, hatte ihm die Großmutter von Weihnachten erzählt, aber das war nichts im Vergleich zu dem, was hier geschah. Die brennenden Kerzen, die Äpfel und Nüsse, Plätzchen und Süßigkeiten, die er geschenkt bekam!

Aber alle diese erregenden Dinge waren nur wie eine Vorbereitung auf den Höhepunkt gewesen. Bernhard packte nun erst die Weihnachtskrippe mit dem Flügelrad aus und zündete sie an. Kaum brannte sie, da drehte sich, wie aus dem unsichtbaren Reich der Liebe bewegt, das Rund mit seinen zarten Holzflügeln und warf seine kringelnden Lichter und Schatten an die Decke, und unter ihnen drehte sich die Scheibe mit den anbetenden Hirten und Königen.

Entzückt starrte Aljoscha auf das Wunder, auf die Krippe mit dem Jesusknaben, auf die Gestalten, die ihn umkreisen, in die Lichter, die den Zauber bewirkten. Das war so, wie die Großmutter erzählt hatte, dass in die Mitte der Welt Gott seinen eingeborenen Sohn gesandt hatte und dass alles, was da lebte, sich um ihn bewegen musste, Könige und Hirten, auch er, Aljoscha, und die Großmutter, die Stube hier und das Dorf, das Land und alle Länder und Völker der Erde. Er nickte der

Großmutter zu, wie wenn er sie nun recht verstanden habe. Doch unfasslich war es, dass gerade ihre Kate für das Wunder ausersehen war. Er fühlte sich zu Großem aufgerufen und wusste nur nicht, was und wohin es ihn rief. – Als Bernhard die Kerzen löschte, wurde Aljoscha unruhig. Die Kerzen müssten brennen bleiben, so meinte es in ihm. Aber die drei Deutschen wollten nun schlafen. Sie legten sich auch schon auf den Lehmboden hin, und bald hörte er ihren tiefen Atem. Auch die Großmutter schien eingeschlafen zu sein. Er legte sich neben sie hinter den Ofen und lauschte. Es müsste etwas geschehen. Wenn er nun aufstünde und die Kerzen um die Krippe wieder anzündete? Er horchte in den Schneesturm hinaus, der noch immer über das Land jagte, und fühlte sein Herz pochen. Es knackte irgendwo im Gebälk und Stimmen flatterten vorüber. Jetzt litt es ihn nicht mehr. Er stand behutsam auf, stieg von seinem Platz hinterm Ofen herunter, tastete sich im Dunkeln zurecht, fand auch die Streichholzschachtel auf dem Tisch und zündete die Kerzen, wie er es gesehen hatte, auf der runden Scheibe unter dem Propellerrad wieder an.

Kaum hatten sich die Flämmchen zum Leuchten erhoben und das Flügelrad zu kreisen begonnen, als es im Windfang draußen klapperte und polterte. Die Großmutter, die im Halbschlaf noch wahrgenommen hatte, dass an ihrer Seite etwas fehlte, war auf einmal hellwach und fühlte sich hochgerissen. Hatte sie eben noch schirmend an die Tür springen können, drohten jetzt Läufe von Maschinenpistolen herein. Mit ruhigem Blick maß sie die Gestalten in den weißen Schneehemden und breitete ihre Arme aus. Wie eine Prophetin tat sie das und sprach auch so. Die Eindringlinge stutzten.

Sie sahen eine aufgerichtete alte Frau, über deren Kopf an der Decke ein Lichtkranz waberte, und sie waren wie von einer Erscheinung gebannt. Dass sie die Waffen draußen lassen sollten, beschwor sie Larissa, denn an der Krippe des Herrn gäbe es nur Frieden.

Ohne sich zu bewegen, hatte sie dies gesagt und trat auch jetzt noch keinen Schritt beiseite.

Aljoscha zitterte und warf einen ängstlichen Blick auf die drei schlafenden Deutschen. Was würde geschehen? Die Hirten und Könige eilten unbeirrt um den Jesusknaben, und die Kerzen warfen den ringelnden Schein wie ein Nordlicht in den Himmel. Das konnte Trost und Rettung bedeuten.

Eine Weile blieben die Gestalten noch im Türrahmen stehen, wie wenn sie warten müssten, bis sie ganz bezwungen seien. Dann wechselten sie untereinander Worte und kehrten um. Man hörte sie noch draußen ihre Skier anschnallen und davonharschen.

Aljoschas Augen leuchteten. Er hatte gefürchtet, etwas Unrechtes getan zu haben, als er die Kerzen an dem Wunderwerk angezündet hatte, und nun war er zum kleinen Helden geworden, auf den Lob und Dank zukam. Befangen stand er im flackernden Lichtschein und konnte kaum fassen, dass die wunderbare Krippe bei ihnen in der Kate bleiben sollte. Bernhard schenkte sie ihm.

Gerhard Uhde

Nacht, mehr denn lichte Nacht! Nacht, lichter als der Tag!
Nacht, heller als die Sonn, in der das Licht geboren,
Das Gott, der Licht in Licht wohnhaftig, ihm erkoren!
O Nacht, die aller Nacht und Tage trotzen mag!

O freudenreiche Nacht, in welcher Ach und Klag
Und Finsternis, und was sich auf die Welt verschworen,
Und Furcht und Höllenangst und Schrecken war verloren!
Der Himmel bricht; doch fällt nunmehr
Kein Donnerschlag.

Der Zeit und Nächte schuf, ist diese Nacht ankommen
Und hat das Recht der Zeit und Fleisch an sich genommen
Und unser Fleisch und Zeit der Ewigkeit vermacht.

Die jammertrübe Nacht, die schwarze Nacht der Sünden,
Des Grabes Dunkelheit muss
Durch die Nacht verschwinden!
Nacht, lichter als der Tag! Nacht, mehr denn lichte Nacht!

Andreas Gryphius

Weihnachtslied im Kriege

Nun ruht doch alle Welt.
O Herz, wie willst du's fassen?
Die Erde liegt im Streit,
von allem Heil verlassen,
ist friedlos weit und breit
und wider dich gestellt.

Doch der die Erde schuf,
hat deine Angst gesehen
und hat sich aufgemacht,
will dir zur Seite stehen,
ein Helfer voller Macht.
Hell klingt sein Friedensruf.

Wie wird die Welt so still.
O Herz, wie sollst du's glauben?
Du trägst so schwere Last.
Die Welt will alles rauben,
was du so heiß umfasst.
Des Leidens ist kein Ziel.

Doch der da A und O,
der Anfang und das Ende,
tritt heut in deine Zeit
und legt in deine Hände
das Pfand der Seligkeit.
Das macht dich reich und froh.

Die Welt jauchzt fröhlich auf.
O Herz, wie kann's dich wecken?
Dich hat die Not versteint.

Der Erdkreis hat viel Schrecken
zu deiner Qual vereint
und türmt sie dir zu Hauf.

Doch der das Leben gab,
den Mund mit Odem füllte,
spricht selbst dir Tröstung zu.
Kein Schmerz, den er nicht stillte!
Kein Werk, das er nicht tu!
Dein Heiland kommt herab!

Die Tannen freuen sich.
Die Hürden auf dem Felde
erhellt ein klarer Schein.
Komm, Engel, komm und melde:
Was bricht zur Nacht herein?
Kommst du und meinst auch mich?

Gott Lob! In deinem Licht
darf ich das Licht erschauen,
das Kind, den Herrn der Welt!
Ihm will ich mich vertrauen.
Er ist es, der mich hält
und rettet im Gericht.

Jochen Klepper

Kurt Reubers Weihnachtsmadonna

Stalingrad 1942

Am Heiligen Abend 1942 bereitete der Oberarzt Dr. med. lic. theol. Kurt Reuber seinen Kameraden im Kessel von Stalingrad eine eigenartige und eindrucksvolle, unvergessliche Weihnachtsfreude, die ihnen zugleich zu einer starken Hilfe wurde. Als die Männer den notdürftig gegen Kälte und Geschosse schützenden Bunker zur einsamen Weihnachtsfeier unter den Schatten des Todes betraten, standen sie wie gebannt vor dem Bild einer Mutter, die im weiten Mantel ihr Kind birgt. Dieses unter vielen Mühen mit Kohle auf die Rückseite einer großen russischen Landkarte gezeichnete Bild wurde bald »die Weihnachtsmadonna von Stalingrad« genannt und ist unter diesem Namen bereits weithin bekannt geworden. Das Bild ist aus dem Kessel herausgekommen und hängt im Pfarrhaus zu Wichmannshausen bei Eschwege in Hessen.

Kurt Reuber ist, obgleich den Schicksalswirbeln dieses Krieges zum Opfer gefallen, zu den bleibenden Gestalten dieser Zeit zu zählen. Was ihm, dem Toten, dessen Leben 37-jährig in russischer Kriegsgefangenschaft endete, diese Unvergänglichkeit sichert, ist eine ungewöhnliche Begabung. Wie zuvor in Albert Schweitzer der Dreiklang Theologie, Medizin und Kunst in überraschender Fülle erklungen war, so ist es nun wieder in dem Arzt und Theologen Kurt Reuber geschehen, dessen künstlerische Befähigung und Betätigung nur eben nicht auf dem Gebiete der Musik, sondern auf dem der bildenden Kunst, der Malerei, lag.

Arno Pötzsch

Kurt Reuber: Weihnachten 1942 (Madonna von Stalingrad)

Vor der Weihnachtsmadonna von Stalingrad

IV

Licht, Leben, Liebe schriebst du an den Rand
des Bilds der Mutter, die das Kindlein hegt,
das ihr die Liebe in den Schoß gelegt;
sie birgt es tief in ihres Leibs Gewand.

Licht, Leben, Liebe – ach, nicht einer fand
mit seinen Sinnen, was ihn tiefst bewegt!
Lichtlos die Nacht, die Herzen hasserregt,
das arme Leben schon in Todes Hand –

das ist die Welt, in der die Männer feiern,
vereinsamt, stumm in ungeklagter Not,
schier wie in Gräbern unterm Steppenwind!

Und einer wagt's und glaubt für sie an Gott,
reißt ihre Blicke hin zu diesem Kind,
weil Gott die Welt will in dem Kind erneuern.

Arno Pötzsch

Weihnachten an der Kama

Bevor alles zugefroren war, haben sie uns von der Waldarbeit auf dem Wasser der Kama ins Lager zurückgebracht. Die Mutter musste, so schwach wie sie war, wieder im Sägewerk arbeiten und ich auf der Werft beim Schiffsbau. Wir bezogen in der Baracke unsern alten Raum, und da waren plötzlich wieder alle auf einem Haufen, die vorher hier gehaust hatten. 16 Menschen auf 18 Quadratmeter, nur Frauen und Kinder. Ringsum an den Wänden dreistöckige Pritschen, unsere Bettstatt mitten in der Stube neben dem Ofen, einem alten Blechfass, das sie auf Ziegel gestellt und mit einem Abzugsrohr nach außen zurechtgemacht hatten.

Wir saßen abends nach der Arbeit ringsum auf den Pritschen wie die Vögel am Draht und die Margarethe lehrte uns Weihnachtslieder, aber auch manch ein Gedicht. Sogar die kleinen Buben fingen an, Verse aufzusagen, und lernten heimlich welche für Weihnachten.

Wenn wir so zusammensaßen, haben wir auch oft gebetet, denn in eine Kirche konnte man nicht gehen, keinen Geistlichen gab es in unserer Mitte, auch unter den Russen nicht. Wir haben lange nichts hören können von Gottes Wort. Ich gedenk mir's aber, dass zu jener Zeit zwei Frauen in unserer Baracke zu predigen anfingen und sich ganz gut darauf verstanden. Sie haben Andachten gehalten fast wie die Pfarrer, sie haben die Schrift gekannt und viele schöne Geschichten aus der Bibel. Wir haben nie gefragt, wo sie das gelernt hatten, wir waren alle glücklich, dass sie so gut predigen konnten, fast wie in der Kirche. Es gab damals jeden Sonntag einen Gottesdienst in der Baracke und abends, wenn Freizeit war, auch mal eine Andacht. Angezeigt hat uns niemand, denn es waren ja nur unsere Menschen dabei.

Jetzt kam Weihnachten immer näher, und wenn wir Kinder davon zu sprechen anfingen, dann wurden unsere Mütter immer traurig. Sie erinnerten uns daran, wie wir das Fest daheim in der Ukraine gefeiert hatten, und erzählten von dem Lichterglanz und den Geschenken und wie fröhlich wir dabei immer gewesen waren. Wie aber, so sagten sie, kann man ein fröhliches Weihnachtsfest feiern, wenn einem vor Hunger der Magen knurrt? Wenn man einander auch nicht die kleinste Freude machen kann?! Vergessen wir's!

Wir Jungen aber, wir haben uns vorgenommen, Weihnachten zu feiern, und das wollten wir tun, so gut es eben ging. Zuerst haben wir angefangen, die Baracke zurechtzumachen, und dann haben schließlich alle dabei mitgeholfen. Dann haben die Jungs Bretter herangeschafft, Holz gab's ja genug, und haben einen Tisch und so 'ne Art von Stühlen zusammengenagelt.

Zu kaufen gab es ja nichts, nicht einmal auf Karten konnten wir damals etwas kriegen, aber trotzdem hat sich jeder etwas ausgeplant. Und als der Heilige Abend kam, war alles schön vorbereitet.

Obwohl sie uns an jenem Abend nur sehr spät von der Arbeit freiließen und wir alle todmüde und verfroren ankamen, wurden wir zu Hause alle wieder munter. Haben die Baracke ausgefegt, haben überall Tannenzweige angebracht, und der Schnee, der darauf festgefroren war, glitzerte wie ein schöner Christbaumschmuck, bevor er in der Wärme zusammenschmolz. Denn den Ofen, den haben wir gut angeheizt, so dass das Blech rot zu glühen anfing, und haben Wasser aufgesetzt für eine Suppe. Dann haben unsere Buben ihre Pufaikas angezogen, wollten die Weihnachtsmänner spielen, haben Rucksäcke auf die Schultern genommen, in denen die Geschenke waren. Sie gingen damit raus, und wir setzten uns alle zurecht und warteten.

Und dann auf einmal stampfen sie herein, schon ganz verschneit, stellen sich vor uns hin und beginnen, ein Gedicht aufzusagen. Und das geht so:

Von drauß vom Walde komm ich her,
ich muss euch sagen, es weihnachtet sehr!
Allüberall auf den Tannenspitzen
sah ich goldne Lichtlein blitzen.
Und droben aus dem Himmelstor
sah mit großen Augen das Christkind hervor.

So weit weiß ich's noch. Dann aber kommt eine Stelle, da heißt es: »Alt und Jung sollen nun von der Last des Lebens einmal ruhn!« Und da haben alle unsere Mütter angefangen zu weinen, und als wir das sahen, da mussten auch wir weinen. Es sind viele Tränen geflossen, und wir Jungen dachten schon, da haben unsere Mütter wieder einmal Recht gehabt. Man kann nicht fröhlich sein, wenn die Not so groß ist, wenn die Familien zerrissen und getrennt sind und man gar nicht weiß, ob die Väter und die Söhne, die sie verschleppt haben, überhaupt noch am Leben sind.

Ein Glück, dass die kleinen Buben da waren. Sie konnten unsere Traurigkeit nicht recht verstehen, legten ihre Rucksäcke ab und sagten an, dass nun jeder ein schönes Geschenk erhalten wird. Und wirklich, jeder bekam ein Päckchen in die Hand gedrückt. Für den einen hatten sie eine Mohrrübe, für den andern eine Kartoffel – oh, das war wichtig! Wieder einer bekam ein getrocknetes Stückchen Brot, das sich irgendwer vom Mund abgespart hatte, oder ein Häufchen verschrumpelte Beeren oder eine Hand voll getrocknete Pilze. Nun war die Jüngste der H.'s ein wenig sonderbar. Hunger und Kälte und Krankheit haben ihr nie etwas ausgemacht, aber sie hatte ganz schreckliche Angst vor den Mäusen. Und gerade ihr ist eine Rote Beete zugefallen. Weil wir doch kaum ein ordentliches Stück Papier hatten, so konnte diese Rote Beete auch nicht ganz verpackt werden, war doch alles damals so knapp. Und so hing ein trockenes Schwänzchen aus der Hülle hervor. Hält ihr mein Bruder das Päckchen hin, sie will danach greifen, sieht das Schwänzchen und fängt an, ganz fürchterlich zu schreien. Schon ist sie wie ein Eichhörnchen in der Höhe, auf der obersten Pritsche, und schreit wie am Spieß. Und jetzt fängt alles an zu lachen. Wir müssen so lachen, dass die Nachbarn herbeigelaufen kommen aus den Nebenräumen. Stehen ganz verdutzt da und fragen: »Was ist hier los?«

»Nun«, sagen wir, »eine fröhliche Weihnachtsfeier!« Und dann haben wir uns alle umgenommen, haben uns fröhliche Weihnachten gewünscht, und mit der Traurigkeit war es zu Ende!

Ich kann gar nicht beschreiben, wie gut uns dann das Abendbrot geschmeckt hat. Es war eine Suppe mit Kartoffeln drin. Wenn auch mehr Augen hineinsahen, als Fettaugen darauf schwammen – um die Wahrheit zu sagen, es gab überhaupt kein Fett drin –, sie hat uns ebenso gut geschmeckt wie die fetteste Weihnachtsgans daheim.

Und dann ist die Frau K. zu uns gekommen auf ihrem Weg reihum durch die ganze Baracke. Sie hat uns das Evangelium aufgesagt, hat mit uns gebetet, und dann haben wir »Stille Nacht, heilige Nacht« gesungen. Ich gedenk mir's noch, wie alles ringsum gestrahlt hat – vielleicht war's auch der Widerschein von unserm alten Blechofen, der mitten in der Baracke glühte. Aber auf den Gesichtern der Menschen war so viel Gottesergebenheit und eine ganz stille Freude, dass ich sie immer noch vor mir sehe.

Es war unser ärmster Christabend und in meiner Erinnerung doch der schönste.

Aus der Nachschrift einer Spätaussiedlerin,
erzählt von *Gisela Szikely*

Kuhwarme Musik

Ich weiß nicht mehr, wer in unserer Runde auf den Gedanken gekommen war, derlei Geschichten zum Besten zu geben.

Ich war auch nicht angetan davon, dass es aus diesem Anlass zur Schilderung von Reiseerlebnissen auf Gran Canaria oder in einer Nobelbar in Acapulco kam. An jenem Abend hatte mich nur die Erzählung dieses Mannes beeindruckt, der mir von unserem Gastgeber wohl als ein Freund vorgestellt, danach meiner Aufmerksamkeit aber so sehr entgangen war, dass ich ihn fast vergessen hatte. Er hatte den ganzen Abend über kein Wort gesprochen; flüchtig hatte ich einmal die Vermutung gehabt, er müsste aus einem merkwürdig fremden Land kommen. Erst in dem Augenblick, als die Reihe an ihm war, ein »Erlebnis zu erzählen, das mit Weihnachten zusammenhängt«, wie jemand gesagt hatte, fiel er mir wieder auf.

O ja, sagte er ein wenig verlegen lächelnd, es gebe auch in seinem Leben eine Geschichte, die ihm ihrer besonderen Umstände wegen haften geblieben sei; er wolle versuchen, sie zu erzählen, und er bitte die Anwesenden, sich ohne langatmige Erläuterungen in die ungewöhnlichen Umstände zu finden.

Schon nach den ersten Sätzen fand ich meine Vermutung bestätigt.

In einem bestimmten Sinn, hatte er zögernd zu erzählen begonnen, war das der seltsamste Weihnachtsabend, den ich je erlebte. Nein, nein, fügte er rasch hinzu, kein Bescherungsfest aus den Jahren der Kindheit, da einem die geheimsten Träume erfüllt werden, nein. Und ich habe auch keine so ausgedehnten Reisen gemacht, sagte er und sah uns alle fast entschuldigend der Reihe nach an – ich hatte, um es rundheraus zu sagen, damals soeben einige Jahre schweren Kerkers in dem Land hinter mir, aus dem ich stamme …

Wir blickten ihn alle aufmerksamer an als bisher. Er schien es nicht zu bemerken; er nickte einige Male vor sich hin und sagte dann:

Das heißt, ich war wohl aus der Haft entlassen, aber nicht »auf freien Fuß gesetzt« worden, wie die bildhafte Wendung lautet; man hatte mich lediglich aus einem Gefängnis im Norden des Landes mit dem Aktenvermerk »unbefristeter Zwangsaufenthalt« für die Dauer weiterer Jahre unter Eskorte in den Süden bringen lassen. In die Donausteppe. Ach ja – die liegt nördlich der unteren Donau, östlich der rumänischen Hauptstadt, falls Ihnen das etwas sagt. In einem von über dreihundert ehemaligen politischen Häftlingen behausten Dorf endete dort meine lange Reise; vor allem Schriftsteller, Wissenschaftler, Ärzte, Professoren, Offiziere und Pfarrer lebten da in einer Gemeinschaft unfreiwilliger Gemeinsamkeiten beisammen ... Wie, bitte? Wann das war? ... Es ist leicht zu merken, es war in dem Jahr, als hier bei Ihnen Adenauer starb – die Nachricht davon war Monate vorher bis in unsere Gefängnisse gesickert und hatte zu vielerlei Erörterungen Anlass gegeben ... Nun, mit dem barschen Hinweis: Ich dürfe das Dorf nicht verlassen, ich müsse mich wie die anderen jeden Sonntag bei dem eigens dafür anreisenden Hauptmann vom Staatssicherheitsdienst melden, und im Übrigen solle ich mich, verdammt noch mal, schleunigst nach einer Unterkunft umsehen, hatte mich der blau uniformierte Maschinenpistolenmann zwischen den strohgedeckten Lehmhütten allein gelassen.

Und so stand ich an jenem eisigen Dezembertag im Schnee der im letzten Sonnenlicht ungeheuer gleißenden Steppe; die Hüttendächer ragten wie weiße Maulwurfshügel rings um mich aus dem flirrenden Licht; hinter den letzten Dächern erkannte ich den Saum eines Wäldchens. Ich wusste weder Namen noch Datum des Tages, da ich bis wenige Stunden vorher die schätzungsweise zwei oder drei Wochen meines Transports in der mit Blech ausgeschlagenen, völlig abgedunkelten Zelle eines Eisenbahnzugs zugebracht hatte; da war mir die Zeitorientierung verloren gegangen.

Der Mann hielt in seinem Bericht inne. Er schien über etwas nachzudenken. Plötzlich fuhr er fort:

Der Wandel aus der jahrelang durchlittenen Enge der ungezählten Kerkerräume in die Weite der Steppe war so verwirrend, dass ich mich, verstört, erst durch die Anrede eines Menschen einigermaßen zurechtfand, der über eine der riesigen Schneewechten auf mich zustapfte und mir von weitem einige Male zurief, ich solle doch endlich in seine Hütte hinüberkommen, im Eiswind der Steppe hole ich mir in den Sommerkleidern den Tod ... Da erst begann ich meine Lage zu begreifen. Ich ging auf den Mann zu. Die Hände in den Hosentaschen, eine schwarze hohe Pelzmütze auf dem Kopf, war er stehen geblieben und wartete auf mich.

Wieder unterbrach sich der Erzähler. Er blickte eine Zeit lang vor sich nieder, atmete tief auf und sagte:

In dem aus einem Raum bestehenden Hütteninnern war es sehr warm. In einer Ecke stand ein aus »Kirpitsch« – wie sie dort die Lehmziegel nennen – gebauter kleiner, weiß gekalkter Ofen mit einer Herdplatte; in der anderen ein breites Holzbett, in der Mitte ein Tisch mit einer Holzkiste als Stuhl davor. Mein freundlicher Gastgeber war ein Mann aus Bukarest – ein etwa fünfzigjähriger Arzt, wie sich bald herausstellte, den sie nach vierzehn Kerkerjahren vor drei Wochen ebenfalls für »unbefristet« unter Eskorte hierher gebracht hatten. Er sagte, indem er sich die gefrorenen Hände rieb: »So, vorläufig bleiben Sie bei mir. Bis wieder einmal einer aus diesem elenden Kaff nach Hause geschickt wird. Dann wird eine der Lehmkaten frei. Die können Sie beziehen. Ich werde dafür sorgen.« Die Hände über die Herdplatte gestreckt, forderte er mich auf, mich »wie daheim« zu fühlen. – »Ca la mama acasa«, sagte er auf Rumänisch, »wie bei Muttern daheim.« Ich war kaum imstande, einen zusammenhängenden Satz hervorzubringen, ich war von meiner neuen Lage immer noch wie betäubt. Er sehe, sagte mein Gastgeber, dass meine Seele aus den Gefängnissen noch nicht nachgekommen sei, nun, das brauche seine Zeit … Ob ich ausruhen wolle? Über alles andere würden wir uns später unterhalten – wie lange ich gesessen, welches Gericht mich »mit welcher dreckigen Lüge« verurteilt habe und wo meine Familie lebe; dass ich ein Deutscher aus Siebenbürgen sei, freue ihn, er habe da Freunde. »Nein«, sagte ich, »ich bin nicht müde«, und starrte zum Fenster hinaus. Die Sonne war untergegangen, der Himmel leuchtete im Westen kalt und grau. Bald danach begann es zu dunkeln.

Ohne Umstände stellte mich mein Gastgeber an, ihm bei der Zubereitung des Abendessens zu helfen. »Reichen Sie mir die Pfanne mit den fünf Eiern vom Fensterbrett«, sagte er, während er vor der Ofentür kniete und ein kurzes, dickes Holzscheit in die Glut schob; dabei leuchtete sein rundes Gesicht rot.

Mit der gleichen Selbstverständlichkeit drückte er mir, als es vollends dunkel geworden war, eine leere Literflasche in die Hand und wies mich an, aus dem letzten Haus am Ende der Straße die Milch zu holen; dort wohne der einzige Nichthäftling in diesem gottverlassenen Nest, ein Bauer. Die volle Milchflasche stünde im Schnee neben der Hoftüre, fügte er hinzu, ich solle sie gegen die leere eintauschen. »Das Haus ist nicht zu verfehlen«, sagte er, »es steht am Rand des Akazienwäldchens. Bis Sie wieder da sind, ist die Kartoffelsuppe fertig. Danach essen wir Eierkuchen und trinken kalte Milch dazu … Nun? Was überlegen Sie? Fürchten Sie, das Haus nicht zu finden?«

Ich stotterte: »Milch … Milch und Eier …?«

»Ach so«, sagte er, »ach so, ich verstehe. Habe ich vierzehn Jahre lang auch nicht gesehen. Daran werden Sie sich bald wieder gewöhnen. Ans Gute gewöhnt sich der Mensch schnell.«

Die Flasche in der Hand, trat ich in den eiskalten Abend hinaus. Ein tief in den Schnee getretener Pfad nahm mich auf. Ich ging langsam und unsicher in die Richtung, in der ich bei meiner Ankunft das Wäldchen gesehen hatte, überallher bedrängt vom Ungewohnten, hilflos ausgeliefert dem Aufstand längst verschütteter Erinnerungen, die jetzt zur übermächtigen Wirklichkeit wurden. Mein Gott, dieser Gang unter dem Sternenhimmel war der erste Weg seit Jahren, den ich allein zurücklegte, ohne bewaffnete Eskorte hinter mir, ohne einen Gefängniskameraden im gestreiften Häftlingskleid neben oder vor mir! Aber ich hatte ja auch den Sternenhimmel in den zurückliegenden Jahren niemals gesehen. Nicht ein einziges Mal! Ich hatte all die Jahre in unterirdischen Verliesen oder in Zellen gesessen, deren Fenster mit Brettern zugeschlagen waren. Gemessen an dem Feuer, das über mir brannte und die Erde umhüllte, war meine Erinnerung an den gestirnten Nachthimmel nichts als ein blasser Schatten. Das alles war verkümmert in mir … Ich weiß nicht, wie lange ich ging, ehe ich das Akazienwäldchen vor mir im Dunkel zu ahnen begann. Der Schnee sang unter meinen Tritten.

Der Erzähler schwieg. Dann strich er sich über die Stirn und fuhr fort:

An den Pfahl der Hoftür gelehnt, in den Schnee gestellt, fand ich die volle Flasche. Sie musste gerade erst hingebracht worden sein, denn sie war noch warm – so wie der Bauer oder die Bäuerin die Milch soeben noch im Stall in den Kübel gemolken hatte. Ich stand nahe vor dem Haus. Hinter dem erleuchteten Fenster erkannte ich den Schirm einer Petroleumlampe und in dessen Innern das Flämmchen, von dem ein ruhiges Licht bis heraus auf den Schnee neben mir fiel. Aus dem nur wenige Schritte entfernten Wald drang ein leises, ungewisses Raunen, es war der einzige Laut weit und breit; ich überließ mich der Stille.

Mit einem Mal hatte ich das todsichere Gefühl, dass sich in der nächsten Sekunde alles ändern würde.

Das Unerwartete kam so jäh, dass es mir den Atem verschlug. Ich hatte mich gebückt und die Flaschen getauscht. Und im selben Augenblick, als ich die Wärme der Milch durch das Flaschenglas in meine Handflächen strömen fühlte, erklang hinter dem Fenster Musik – jemand hatte ein Radiogerät eingeschaltet. Ich hielt wie erstarrt in der Bewegung inne, mit der ich mich gerade zum Gehen gewendet hatte. Auch dies war ja neu – ich hatte in all den Jahren, ich hatte über sieben Jahre hindurch keinen Ton Musik gehört! Hätte ich mir das jemals vorstellen können? Dennoch erkannte ich sofort wieder, was ich hörte. Aber es war keine Wiederhörensfreude, was ich jetzt empfand, o nein! Es war etwas ganz anderes. Mir war, als sei diese Musik ein Bündel von Strahlen, die mich mit unerhörter Kraft durchdrangen, schwerelos machten und mich mit rasender Geschwindigkeit so hoch emportrugen, dass mir davon schwindelte. So hatte ich Musik noch niemals gehört. Was durch das Fenster zu mir drang, war die F-Dur-Flötensonate von Georg Friedrich Händel.

Und ohne zu wissen, was ich im Zustand dieses Emporgerissenseins nun tat und warum ich's tat, setzte ich die Flasche an den Mund – ich handelte wie unter einem Zwang. Ich begann, im Klang der Händel-Musik die kuhwarme Milch zu trinken. Ich trank wie ein Ausgehungerter, wie ein Verdurstender die Milch und die Musik unter dem Sternenhimmel in mich hinein. Ich fühlte, wie sich die mütterliche Wärme der Kreatur mit jedem Schluck in mir ausbreitete und eins wurde mit der heilenden Kraft der Musik. Mit zurückgelegtem Kopf blickte ich während der ganzen Zeit in das Bild des Polarsterns und des Großen Bären über mir. Es war, als schaute ich der Ewigkeit, nein, als schaute ich dem lieben Gott selber ins Gesicht. Ich trank und trank und trank, und bei jedem Schluck und bei jedem Akkord versanken und verblassten die hinter mir liegenden Jahre der Qualen und Demütigungen, als fielen sie wie leblose Stücke von mir, und ich würde neu geboren

Keine zehn Minuten später betrat ich, die leere Flasche in der Hand, die Hütte meines Gastgebers.

Der kluge Mann begriff mit einem einzigen Blick das Ereignis meiner Verzauberung, wenn er auch weder deren Grund noch die Einzelheiten kannte. Ich habe ihn sicherlich etwas geistesabwesend angesehen, unfähig, ihm eine Mitteilung des Vorgefallenen zu machen. »Wissen Sie übrigens«, sagte er im Knistern des Feuers, nachdem wir uns lange schweigend gegenübergestanden hatten, »wissen Sie, dass heute Heiligabend ist?«

Nein, dachte ich, immer noch stumm, nein, ich habe es nicht gewusst.

Er nahm mir die Flasche behutsam aus der Hand, stülpte sich die schwarze Pelzmütze auf den Kopf und ging aus dem Haus. Als er mit der gefüllten Milchflasche zurückkam, hatte ich mich gefasst.

Es war ein Tag vielfacher Verwirrtheiten für mich gewesen, und es wurde jetzt das denkwürdigste Weihnachtsfest, das ich jemals feierte, dort unten in der Steppe an dem großen Strom, wo der Sternenhimmel in jeder Nacht so nahe an die Erde herankommt, dass alle Entfernungen aufgehoben scheinen. Mein Gastgeber hatte ein paar kahle Akazienzweige zu einem Geflecht zusammengefügt und einen Kerzenstummel darauf gestellt, den er sich von der Bäuerin geholt hatte. –

Der Erzähler hatte geendet. Er blickte mit unbewegtem Gesicht vor sich nieder.

Es war still geworden in unserer gewöhnlich etwas lauten Runde.

Wenig später brachen wir auf. Bis zur S-Bahn-Haltestelle hatte ich denselben Weg wie der Mann, der an jenem Weihnachtsabend in der südöstlichen Steppe dem lieben Gott ins Gesicht geschaut hatte. Er bestieg den ersten Zug, der eintraf. Hinter einer der Fensterscheiben sah ich ihn in der Schwärze des Tunnels verschwinden. Er besitzt wahrscheinlich nicht viel mehr als das, was er auf sich trägt, dachte ich, er lebt erst seit kurzem in unserem Land.

Ich weiß nicht, wieso er mir auf einmal wie ein unendlich reicher Mann vorkam.

Hans Bergel

Teil 4

Grund ewiger Freude

Du kommst noch heut in diese Welt
Und ihre Dunkelheit
Und bist es, Christ, der sie erhellt
Und selbst ihr Dunkel weiht;

Seit Du im Kripplein auf der Streu
Gelegen, wird das Licht,
Das von Dir ausgeht, immer neu
Und lässt uns Menschen nicht.

Ja, Christ und Herr, Du lässt uns nicht,
Und werden untreu wir,
Du strahlst uns weiter aus Dein Licht
Und ziehst uns selbst zu Dir.

Denn wir nicht, wir nicht halten Dich,
Du bist es, der uns hält.
An Deiner Macht verrechnen sich
Sünd, Teufel und die Welt.

Drum nimmt man uns den Lichterbaum,
Die Krippe bleibt uns noch;
Und nähm man den geweihten Raum,
Du, Jesus, bleibst uns doch.

Und würde alles Erdenlicht
Hinweggelöscht von hier,
Im Herzen, das Du zugericht,
Ist Leuchten für und für.

Drum bleib bei uns. Dann wird uns klar
Und hell die dunkle Zeit
Wie, da Dich pries der Engel Schar,
Du Kind der Ewigkeit.

Otto von Taube

Das Opfer

Doktor Brunoy, der seine beiden Berufskollegen bis zur Tür begleitet hatte, blieb auf der Schwelle stehen und fragte mit müder Stimme: »Gibt es also kein Heilmittel mehr?«

Die beiden Ärzte blickten einander in die Augen, wie wenn einer zum anderen sagen wollte, wie unnütz doch diese Frage sei. Dann erwiderte der Ältere: »Die zwei Serum-Einspritzungen sind leider ohne Erfolg geblieben – wir haben alles versucht, mehr können wir nicht tun.«

»Mehr nicht? Denken Sie, dass das Kind noch lange leben wird?«

»Lange?«, wiederholte der Jüngere überrascht, fast ironisch. »Noch einige Stunden.«

»Einige Stunden, ja, man weiß nie«, meinte dazu der Ältere, den Erfahrung vorsichtiger gemacht hatte. »Auf jeden Fall hat das Kind nichts zu leiden.«

Die beiden Kollegen hüllten sich in Decken und stiegen in den Schlitten, der vor dem Hause stand. Dr. Brunoy sagte: »Ich danke Ihnen, dass Sie den so weiten Weg gemacht haben.«

Der Jüngere zog schon die Uhr, um auszurechnen, wann sie in der Stadt ankommen würden.

Die Pferde vor dem Schlitten scharrten ungeduldig, und als der Kutscher am Zügel zog, reckten sie die Köpfe und setzten sich in flotten Trab. Dr. Brunoy blieb unbeweglich auf der Schwelle seines Hauses stehen und starrte dem Schlitten nach, der auf dem schneebedeckten Weg entschwand, seine letzte Hoffnung mit sich führend. Ferner und ferner tönte ihm das regelmäßige Gebimmel der Pferdeglöcklein ins Ohr.

Dann kehrte er ins Haus zurück. Bevor er aber zu seiner Frau ging, die am Bett des sterbenden Kindes saß, betrat er das Arbeitszimmer. Hastig begann er in Büchern zu blättern, stieß sie ungeduldig weg, immer wieder versuchte er sich zu sammeln – gab es denn keine Rettung?

Draußen geht der Tag zur Neige. Dr. Brunoy schaut durchs Eckfenster. Auf der einen Seite erblickt er Beaufort, das Dorf mit seinen alten Häusern und engen Gassen und der schmalen Steinbrücke, die über den Bergbach Doron führt. Auf der anderen Seite erhebt sich ein steiler Hang mit ernsten schneebedeckten Tannen. Warum nur ist er als junger Mensch in diese abgelegene Gegend gekommen, in dieses enge Tal, wo die Berge einander so nahe rücken, dass man von ihnen fast erdrückt wird? – In wenigen Sekunden, wie es in tragischen Momenten unseres Lebens oft vorkommt, durchlaufen seine Gedanken die Erlebnisse der letzten Jahre. Die Notwendigkeit hatte sein Handeln bestimmt. Beherrscht sie nicht das Leben der meisten Menschen? Nach guten medizinischen Studien hatte er sich rasch verheiratet. Weil er kein Vermögen besaß, konnte er seine Tätigkeit nicht in einer Stadt beginnen, denn dort lässt am Anfang die Kundschaft oft lange auf sich warten und nimmt nur langsam zu. Diese einsame Berggegend mit ihrem langen harten Winter, für den die allzu kurze Schönheit des Sommers nur schlecht entschädigt, dieses Tal mit seinen arbeitsamen, ehrlichen, aber herben und wenig kultivierten Einwohnern wurde seit Jahren von den Ärzten gemieden. Hier war keine Konkurrenz zu fürchten. Man hatte ihn wie einen Retter empfangen. Nach einem Jahr schon schätzte er das Land wie seine Heimat. Auch seiner Frau gefiel das Leben im stillen Bergtal; sie war zufrieden und glücklich. Ein Kind wurde ihnen geschenkt, ein pausbackiger Bub.

Die Arbeit Dr. Brunoys zeigte bald schöne Erfolge. Im weiten Umkreis gab es kein Dorf, keinen Weiler mehr, wo er nicht schon irgendeine Krankheit geheilt oder nach einem Unglück geholfen hätte. An Kindern fehlte es nicht in dieser Talschaft. Aber manche starben schon im zartesten Alter, denn es mangelte ihnen die nötige Pflege. Mit besonderem Eifer machte sich Dr. Brunoy daran, die Mütter aufzuklären und zu belehren, um dem Tod seine jungen und allzu leichten Opfer zu entreißen.

Und nun – ein schlechter Dank für seine Mühen als Arzt – war sein eigener kleiner Sohn an Diphtherie erkrankt. Doch – er hatte schon viele Kinder, die an derselben Krankheit gelitten, mit Serum-Einspritzungen oder mit Hilfe des Luftröhrenschnittes geheilt. Warum sollte er nicht auch seinem eigenen Kinde helfen können?

Aber während er seinem Berufe nachging und längere Zeit abwesend war, hatte sich die Krankheit rasch verschlimmert. Die Stimme des Kindes war heiser und rau geworden, und die Erstickungsanfälle hatten sich immer häufiger eingestellt.

Was war das für eine Heimkehr gewesen! Nach langem mühsamem Weg durch tiefen Schnee war er in einen Laden getreten, um seinem Kind zu Weihnachten Spielzeug zu kaufen. Mit einem kleinen Holzpferd und einer Trompete unter dem Arm hatte er den Heimweg fortgesetzt. Und wie er an Frau und Kind und an seine warme, vom Duft des Weihnachtsbaumes durchwürzte Stube dachte, an die behagliche Ruhe nach getaner Pflicht, ward sein Herz von stillem Glück erfüllt.

»Endlich bist du da!«, hatte seine Frau fast geschrien, als er die Wohnung betrat. »Komm schnell zu Jean!«

Er hatte sofort den Ernst der Lage erkannt und dem Kind eine Einspritzung gemacht.

Weil sich aber trotzdem keine Besserung zeigte, schickte er am folgenden Morgen einen Nachbar in die nächste, vier Stunden entfernte Stadt, um zwei Kollegen holen zu lassen. Die beiden Ärzte waren am Nachmittag eingetroffen. Aber auch sie waren ohnmächtig; Hilfe war nicht mehr möglich. Das Einzige, was noch zu tun blieb, war warten …

Dr. Brunoy ging in das Zimmer des kranken Kindes. Seine Frau saß über das Bettchen geneigt, hielt die Hand des Kleinen, sprach ihm in zärtlichen Worten zu. Das Holzpferdchen und die Trompete lagen unberührt auf der Bettdecke. Man hatte den kleinen Weihnachtsbaum mit der niedlichen Krippe, die darunter aufgebaut war, dem Bette nahe gerückt, aber der Kleine hatte keinen Blick für Baum und Krippe.

Als die Frau ihren Mann hereinkommen hörte, wandte sie sich nach ihm um und sagte, als ob sie seine Gedanken erraten hätte: »Er stirbt.«

Er wiederholte die Worte des alten Doktors: »Man weiß nie…«

»Was können wir tun?«

»Nichts als warten…«

Er setzte sich ihr gegenüber an die andere Seite des Bettes. Der kleine Jean lag regungslos da, fast ohne Fieber. Sein Atem war schwächer und schwächer. Manchmal hob er langsam die Lider, aber seine Augen konnten nicht mehr sehen.

Es war indessen dunkel geworden. Die Frau erhob sich mit großer Anstrengung.

»Wohin gehst du, Etiennette?«

»Ich will eine Lampe anzünden.«

»Warum?«

»Um ihn noch lebend zu sehen.«

Um sechs Uhr öffnete das Mädchen Mariette vorsichtig die Tür und sagte: »Ein Mann aus Rodelande ist da, er möchte mit dem Herrn Doktor sprechen.«

»Ich will niemand sehen, Mariette.« Nach kurzer Zeit kam das Mädchen wieder zurück und sagte: »Er weigert sich zu gehen, er will Sie unbedingt sprechen.« Da verließ Dr. Brunoy das Zimmer, um den aufdringlichen Besucher selbst fortzuschicken. Er traf ihn in der Küche, wo er sich wärmte. Der Schnee, der auf seinen Schultern gelegen hatte, war geschmolzen und rann nun in Bächlein über den rauen Kittel. Der Bauer wandte sein mageres, ernst blickendes Gesicht dem Arzte zu.

»Ah, Ihr seid es, Rivaz, was wollt Ihr?«, fragte Dr. Brunoy.

Der Bauer antwortete: »Mein Kleiner ist krank.«

»Ich werde morgen früh kommen«, beschied der Arzt.

Aber Rivaz schüttelte den Kopf. »Ohne Sie wird er die Nacht nicht überleben.«

»Auch mein Kleiner ist am Sterben. Ich kann diesen Abend nicht mehr kommen.« Die beiden Männer schwiegen, jeder stumm an seinem Unglück würgend. Dann fiel des Bauern schweres Wort in die Stille:

»Ihren Bub werden Sie heilen, aber meinen nicht.«

»Oh, mein Bub ist verloren.«

Wieder schwiegen sie, dann nahm der Bauer von neuem das Wort: »Mein Bub ist noch nicht verloren. Ich bekam ihn erst im Alter und ich werde keine Kinder mehr haben.«

»Morgen früh werde ich kommen, ich verspreche es Euch, Rivaz!«

»Dann wird es zu spät sein.«

»Lasst mich die Augen meines Kleinen schließen.«

»Aber wenn Sie doch hier nicht mehr helfen können …«

Bei diesen Worten fuhr der Arzt erregt auf: »Wisst Ihr das? Solange mein Kind noch lebt, werde ich es nicht verlassen, versteht Ihr nicht?«

Der Bauer zerknüllte mit zitternden Fingern den Rand seines alten Filzhutes, zögerte noch einen Augenblick und schritt dann zur Tür.

»So werden also zwei sterben«, murmelte er vor sich hin, aber ohne Auflehnung, wie einer, der sich ins Unabänderliche schickt.

»Wartet«, rief der Doktor. »Hustet er stark?«

»Ja, zuerst, dann nur noch wenig. Ist das ein gutes Zeichen?«

»Nein. – Aber Ihr müsst doch einsehen, dass ich jetzt mein todkrankes Kind nicht verlassen kann! – Wie geht sein Atem?«

»Der pfeift; und dann auf einmal ist es, wie wenn das Kind ersticken müsste.«

»Wie gestern Abend bei Jean … Und doch, es ist mir unmöglich zu kommen. Ihr dürft das nicht von mir verlangen … Hat er diese Erstickungsanfälle oft?«

»Ja.«

»Ich bedauere Euch …«

»Ist er verloren?«

»Noch können wir hoffen, vielleicht haben wir Glück.«

Und mit einem Satz sagte der Bauer, was sein Herz bewegte: »Für Ihren Buben können Sie nichts mehr tun, aber noch etwas für den meinen.«

Dr. Brunoy sah dem Bauern in die Augen, sein Blick festigte sich, und mit entschlossener Stimme erwiderte er: »Ich komme mit Euch, Rivaz!«

Raschen Schrittes kehrte er ins Zimmer zurück. Das Kind atmete kaum noch, sein Gesicht war so blass, als wäre der letzte Tropfen Blut aus seinem Körper gewichen.

»Etiennette, hier nimm dies Fläschchen, es wird ihm das Atmen erleichtern. Mehr können wir nicht tun …«

»Warum sagst du mir das?«

»Weil ich fortmuss.«

»Du, in dieser Nacht?«

»Der kleine Rivaz in Rodelande ist schwer krank, vielleicht kann ich noch helfen.«

»Und unser Jean?«

»Sein Leben liegt nicht mehr in Menschenhand. Du kannst ihn so gut pflegen wie ich.«

»Geh nicht weg, ich bitte dich!«

»Ich muss.«

Jäh richtete sie sich neben dem Bettchen auf und warf ihm die Worte entgegen: »Du liebst dein Kind nicht! Du liebst deine Frau nicht!«

»Oh, meine Liebste!« Seine Stimme flehte schmerzlich. Aber die Frau konnte ihn nicht verstehen, sie wich vor ihm zurück.

Da neigte er sich über das Kind und strich zärtlich, Abschied nehmend, über seine Wange, die immer noch warm war, trotz der wächsernen Hautfarbe. Und kurz entschlossen, ohne zurückzuschauen, weil er fürchtete, sein Wille könne unsicher werden, entfloh er aus dem Zimmer.

Im Schlitten sprachen die beiden Männer nicht ein Wort. Rivaz musste von Zeit zu Zeit am Leitriemen ziehen und »Hü« rufen, denn das Pferd war müde, hatte es doch gerade erst einen Weg von zehn Kilometern hinter sich gebracht. Seine Hufe sanken im frischen Schnee ein.

Das schmale Sträßchen führte durch einen Hohlweg, auf dessen beiden Seiten ernste Tannen zum dunklen Winterhimmel aufragten. In der Ferne toste Doron, der Wildbach. Vorne am Schlitten waren zwei Laternen befestigt, die sanft hin und her schwankten und ihr Licht auf die Bäume und Felsen des Wegrandes warfen.

Nach einer guten Stunde hielt der Schlitten vor einem einsamen Haus. Man hatte ihn kommen hören, denn die Tür öffnete sich, und eine Frau, die Laterne in der Hand haltend, erschien auf der Schwelle.

»Ist der Doktor da?«

»Ja.«

Sie atmete auf und führte die beiden Männer ins Zimmer des kranken Kindes.

Drei Viertelstunden später packte der Arzt seine Instrumente wieder zusammen und schickte sich zum Fortgehen an.

»Ist er gerettet?«, fragte die Frau.

»Ich glaube es; morgen werde ich wiederkommen.«

»Wollen Sie noch diese Nacht zurückkehren?«, wandte Rivaz ein.

»Ja, sofort.«

Der Bauer schien seltsam ergriffen, er brachte ein Goldstück, das er als Geschenk seiner längst verstorbenen Mutter bisher aufbewahrt hatte, und wollte es dem Arzt geben. Aber zu seinem Erstaunen weigerte sich dieser, es anzunehmen.

»Nein, mein guter Rivaz, niemand könnte mir den Gang bezahlen, den ich in dieser Nacht getan habe.«

Auch auf der Rückfahrt sprachen die beiden Männer kein Wort miteinander. Unterwegs begegneten sie zahlreichen Gruppen von Leuten, die Laternen trugen. Zwischen den dunklen Tannenstämmen leuchtete da und dort ein kleines Licht auf. Die Bauern der umliegenden Höfe und Weiler begaben sich zur Mitternachtsmesse. Sie sangen ein altes Weihnachtslied:

»Geboren ist das göttlich Kind, o freuet euch, ihr Menschen all…«

Und wenn sie dem Schlitten begegneten, riefen sie mit frohen Stimmen: »Gesegnete Weihnacht!«

Dr. Brunoy vermochte diesen Glückwunsch nicht zu erwidern; auch Rivaz wagte es nicht, obwohl sein Herz festlich gestimmt war.

An einer Biegung des Sträßchens, schon nahe bei Beaufort, fiel der Schein der Laternen auf ein Wegkreuz. Sacht schwebten die Schneeflocken vom Himmel. Der Körper des schmerzensreichen Heilandes ragte hell und groß in die Nacht, und es war, als ob von seinem dorngekrönten Haupt ein tröstlich Licht ausginge. Dr. Brunoy erinnerte sich der Worte des alten Weihnachtsliedes: Geboren ist das göttliche Kind… Und mit einem Mal erfüllte ihn Friede; kein Leid mehr, keine Auflehnung gegen das Schicksal. Er hatte seine Pflicht getan! – Er hatte Rivaz' Kind retten dürfen. Er wusste, dass er sein eigenes Kind nicht mehr lebend sehen würde, aber der Gedanke weckte keine Bitternis in seinem still gewordenen Herzen.

Als er zu Hause ankam und ins Zimmer trat, fand er seine Frau über das Bett des toten Kindes gebeugt. Gütig und sanft, doch mit fester Hand richtete er sie auf und sagte: »Meine liebe Etiennette…«

»Du warst nicht dabei«, seufzte die Frau und sah ihm tief in die Augen. Welche Ruhe ging von ihm aus, welcher Friede..., Sie lehnte sich an ihn, und tröstlich stieg die Gewissheit in ihr auf, dass sie bei ihm die Kraft wieder finden würde, die ihr jetzt fehlte, dass sie den Mut haben würde, weiterzuleben und dieses Leben zu lieben.

Henry Bordeaux

Weihnachts-Kyrie

Und sie gebar ihren ersten Sohn und wickelte ihn in Windeln und legte ihn in eine Krippe; denn sie hatten sonst keinen Raum in der Herberge.

Die Bibel

Du Kind, zu dieser heiligen Zeit
gedenken wir auch an dein Leid,
das wir zu dieser späten Nacht
durch unsere Schuld auf dich gebracht.
    Kyrie eleison!

Die Welt ist heut voll Freudenhall.
Du aber liegst im armen Stall.
Dein Urteilsspruch ist längst gefällt,
das Kreuz ist dir schon aufgestellt.
    Kyrie eleison!

Die Welt liegt heut im Freudenlicht.
Dein aber harret das Gericht.
Dein Elend wendet keiner ab.
Vor deiner Krippe gähnt das Grab.
    Kyrie eleison!

Die Welt ist heut an Liedern reich.
Dich aber bettet keiner weich
und singt dich ein zu lindem Schlaf.
Wir häuften auf dich unsere Straf!
    Kyrie eleison!

Wenn wir mit dir einst auferstehn
und dich von Angesichte sehn,
dann erst ist ohne Bitterkeit
das Herz uns zum Gesange weit!
  Hosianna!

Jochen Klepper

Zu Weihnachten »dreimal Glück gehabt«?

Durch die schneebedeckten Felder und Wälder rollt schnaufend der Zug auf den Schienen entlang. Leise fallen Schneeflocken und setzen sich an den dahineilenden Wagen fest.

Nun wird es doch ein richtiges Weihnachtsfest mit knirschendem Schnee, gefrorenen Blumen an den Fensterscheiben, lustigem Rodeln und Skilaufen.

Im Zug sind viele, die noch nach Hause wollen, erwarten sie doch gerade am Heiligen Abend noch etwas Besonderes vom Weihnachtsfest, zum Beispiel die stille Einkehr mit besinnlichem Kerzenschein – und vertrautes Weihnachtsliedersingen.

In Göttingen sind noch zwei Studenten zugestiegen. Eigentlich hatten sie am Nachmittag schon in Naumburg sein wollen. Aber nun sind sie immer noch im eifrigen Gespräch über ihr Erlebnis am Morgen in ihrer Universitätsstadt, das sie jetzt zwingt, mit dem Zug zu fahren.

Walter, der von seinem Vater ziemlich verwöhnt wird und darum einen roten Sportwagen fährt, wollte seinen Freund Gottfried im Auto mitnehmen, um ihn kurz vor Naumburg – in einem Dorf bei Großheringen – auf der Heimfahrt abzusetzen.

Während Walter immer noch seinem Ärger Luft macht, dass sie nun mit der Eisenbahn fahren müssen und sein Wagen – fast als Schrott – in einer Göttinger Werkstatt ruht, versucht der Freund ihm klarzumachen, dass sie beide doch nur Grund hätten, dankbar zu sein, weil sie mit heiler Haut davongekommen sind:

»Erstens bist du ja nicht schuld daran, der Lastwagenfahrer hatte am Abend vorher zu lange gezecht, wie man nachher festgestellt hat. Und zweitens – stell dir mal vor, er hätte uns ein paar Zentimeter weiter zur Mitte des Wagens hin erwischt, dann säßen wir jetzt gar nicht hier, sondern lägen im Pathologischen

Institut. Willst du immer noch nicht begreifen, dass Gott seine Finger dazwischengehabt hat?«

»Wir haben eben Glück gehabt. Aber du bist wie meine Eltern, die alles immer in Verbindung mit dem lieben Gott sehen. Sogar als ich heute Vormittag zu Hause anrief und ihnen sagte, dass wir von einem Lastwagen angefahren wurden und darum erst abends mit dem Zug in Naumburg sein werden, sagte Mutter nur: ›Da hast du aber Grund, Gott zu danken, dass euch nichts passiert ist.‹«

»So sehe ich es auch«, erwiderte Gottfried, »aber obwohl du Medizin studierst, willst du es immer noch nicht einsehen, dass Gott über Leben und Tod entscheidet – und nicht die Ärzte – und dass es wichtig ist, ihn, der unser Leben in seiner Hand hat, hier unten schon zu kennen.«

Inzwischen hört eine Mitreisende zu und fährt gereizt auf: »Müssen Sie sich gerade zu Weihnachten über den Tod unterhalten? Es gibt doch gewiss fröhlicheren Anlass zum Fest!«

Aber weil Gottfried am Weihnachtsmorgen den Unfall erlebt hatte, kann er das nicht ohne Antwort im Raum stehen lassen und sagt: »Der Tod macht nicht Halt vor der Weihnachtszeit …« Ohrenbetäubender Krach beendet seine Worte.

Dieser D-Zug hatte bei der Station Großheringen einen Personenzug überholt. Weil die Weiche dann aber nicht richtig gestellt war, hatte er den langsam fahrenden Zug noch gestreift, so dass der Schnellzug in der rasenden Weiterfahrt entgleiste und die Böschung hinunterstürzte. Dabei begrub er viele Menschen unter sich, die noch an diesem Heiligen Abend Weihnachten zu Hause feiern wollten.

Auch in dem letzten Wagen, in dem sich diese Unterhaltung zugetragen hatte, hat der Tod Einkehr gehalten.

Der Medizinstudent Walter hatte an der Tür gestanden, als

diese durch die Wucht des Sturzes aufsprang und er weit hinaus in den Schnee geschleudert wurde. Sein Freund hatte noch versucht, ihn festzuhalten.

Als er aus seiner Benommenheit – im Schnee liegend – wach wird, ist sein erster Gedanke: Doch wieder Glück gehabt, so nahe am Tod vorbei, und dennoch lebe ich noch. Ob sein Freund aber lebt? Er versucht, sich aufzurichten. Die Glieder schmerzen zwar, doch kann er sie alle bewegen. Nur der Kopf ist so schwer, noch sind seine Gedanken nicht richtig klar. Es schneit nicht mehr, sondern der Mond schaut klar vom Himmel und beleuchtet die gespenstische Szene.

Den Freund suchen – ist sein nächster Gedanke. Im letzten Abteil hatten sie gesessen, er bemüht sich, dorthin zu stapfen.

Der liegende Wagen ist nicht zertrümmert, aber als er in das letzte Abteil hineinschaut, erkennt er durch die Helligkeit des Mondlichts seinen Freund und daneben die einzige Mitreisende dieses Abteils. Auch wenn er erst ein Semester Medizin studiert hat, erkennt er an ihren Augen, dass sie tot sind. Zutiefst betroffen, fallen ihm die Worte ein, die beide zuletzt gesprochen hatten, dass sie vom Tod nichts hören wollte und er gesagt hatte, dass der Tod auch nicht vor Weihnachten Halt macht. Dass er beiden noch den Puls gefühlt hatte und sie nicht mehr zu retten waren, daran konnte er sich später noch erinnern. Aber begreifen konnte er es niemals, warum er danach einfach sinnlos davongerannt war, gerannt, als ob er verfolgt würde, querfeldein, um Dörfer herum, um ja keinem Menschen zu begegnen, über schneebedeckte Felder, durch den Wald. Was verfolgte ihn denn nur? Warum war er nicht zum Helfen dort geblieben? Auf diese Frage blieb er sich selber die Antwort schuldig.

Dann haben seine Füße ihn nicht mehr weitergetragen. Erschöpft ist er im Wald niedergesunken, hat sich einfach in den weichen Schnee fallen lassen. Traumbilder ziehen an seinen Augen vorüber: der Zusammenstoß mit dem Lastwagen in Göttingen – das tote, aber so friedliche Gesicht seines Freundes.

Wie lange er so schlafend im Schnee gehockt hat, weiß er nicht, als ein Förster ihn wachrüttelt:

»Junger Freund, aufstehen, du willst doch nicht im Schnee erfrieren? Wo soll's denn hingehen?« Der Alte hilft ihm auf die Beine und sagt: »Nun komm erst mal mit mir nach Hause, dann sehen wir weiter. Du hättest ja hier erfrieren können, wenn ich nicht dem Wild noch Futter gebracht hätte, wie es am Heiligen Abend Sitte ist.«

Verstört geht der Student neben dem Förster durch den tief verschneiten Wald. »Hättest hier erfrieren können«, so klingt es noch in ihm nach. Zum dritten Mal davongekommen, wieder Glück gehabt, dem Tod von der Schippe gesprungen. Aber auch die Worte seines Freundes gehen ihm durch den Kopf: »Unser Leben steht in Gottes Hand … Er entscheidet über Leben und Tod.«

Als die Förstersfrau ihn mit trockener Kleidung und heißem Tee versorgt hat, hört er noch lange schweigend zu.

Und dann auf einmal beginnt er zu erzählen von dem furchtbaren Eisenbahnunglück, aber auch von der Unterhaltung, die kurz vorher sein Freund mit ihm geführt hatte, und dass der Gottfried heim wollte zu seiner kranken Mutter und nun tot ist.

Da unterbricht ihn der Förster: »War der Gottfried ein angehender Lehrer, so in meiner Größe, mit blondem Haar und heißt Wegemann?«

»Sagen Sie bloß, dass Sie ihn kannten«, erwidert der Student.

Die Förstersleute sehen sich an. Dann sagt der Alte erschüttert: »Nun muss unsere Frau Wegemann auch das noch erleben. Jetzt ist ihr auch noch der Jüngste genommen. Sie wartet schon so lange darauf, von ihrer schweren Krankheit erlöst zu werden, doch sie überlebt alle ihre Kinder.«

Als der Gerettete hört, dass es von der Försterei nicht weit ist zu dem Dorf, aus dem sein Freund stammt, hält es ihn nicht mehr am warmen Ofen.

Als er aber – bis vor das Haus vom Förster begleitet – ankommt und die Tür öffnet, tritt er in ein weihnachtlich geschmücktes Zimmer. Liebe Nachbarn haben der kranken Frau geholfen, für die Heimkehr des Sohnes alles festlich zu bereiten: Am Weihnachtsbaum warten die Kerzen auf das Anzünden, darunter sind einige Liebesgaben, ein Teller mit Weihnachtsgebäck, und auch die Bibel liegt aufgeschlagen auf dem Tisch.

Als die Kranke das Öffnen der Tür bemerkt hat, klingt es freudevoll vom Bett: »Bist du es, Gottfried?«

Eine Weile steht der junge Mann still. Wie soll er es der Mutter seines Freundes jetzt sagen? Und dennoch fühlt er, dass er allein es nur sein darf, der ihr von diesem Sterben ihres Sohnes Nachricht bringen kann. Er allein hat seine Worte vorher gehört, er hat das friedvolle Antlitz des Toten gesehen und weiß, dass dieses für die Mutter ein Trost sein kann.

»Frau Wegemann«, sagt er leise, »es tut mir leid, dass nicht Ihr Sohn hier stehen kann und dass ich Ihnen am Weihnachtsabend eine so traurige Nachricht bringen muss.« Er ist nahe an das Bett herangetreten, bewegt von der Ergebenheit, die diese Kranke ausstrahlt.

Matt legt sie sich in ihre Kissen zurück, faltet die Hände und fragt mit schwacher Stimme: »So lebt er also nicht mehr?«

Ein kurzes ersticktes »Nein«.

Auch jetzt kein verzweifelter Schmerzensausbruch. Ganz leise, fast gehaucht hört man ihre Worte: »Nun ist er noch eher in der Ewigkeit als ich. Erzähl mir von ihm. Warst du bei ihm, als es geschah?«

Das »Du«, mit dem die Mutter den Freund ihres Sohnes anspricht, hat so etwas Warmes, Vertrauenerweckendes an sich. Die Ruhe, die von ihr ausgeht, hat auch ihn erfasst, und er kann ganz ausführlich erzählen von dem, was er erlebt hat mit Gottfried, vom Unfall am Morgen in Göttingen, von dem Gespräch im Abteil, in dem ihr Sohn Mittelpunkt war, und von dem Furchtbaren, was dann so schnell geschah.

Als die Mutter alles gehört hat, besonders auch, dass ihr Sohn im Tod ein so friedvolles Gesicht hatte, sagt sie fast befehlend: »Zünde die Kerzen am Weihnachtsbaum an, es soll ganz hell in meinem Zimmer sein, denn mein Sohn ist jetzt im ewigen Licht.«

Gehorsam zündet der junge Mann die Kerzen an. Er kann die Frau nicht begreifen. Ist sie schon zu krank, um zu ermessen, was es bedeutet, dass ihr Sohn nicht mehr lebt und sie nun noch einsamer wird?

Als ob sie ahnt, was in seinem Herzen vorgeht, bittet sie ihn: »Und nun setz dich an den Tisch und lies uns die Weihnachtsgeschichte Lukas 2 vor, sie ist schon aufgeschlagen. Jetzt lies du, weil mein Sohn es nicht mehr kann.«

Neu ist ihm der Text nicht, denn seine Eltern lesen ihn im Familienkreis immer am Heiligen Abend, und er hat ja einmal auch als Konfirmand an einem Krippenspiel in der Gemeinde teilgenommen.

Aber neu geht in seinem Herzen auf, dass es keine Legende, kein Märchen ist, dass dieser auferstandene Christus – wie seine Mutter immer zu sagen pflegt – allgegenwärtig ist, auch jetzt zu dieser Stunde.

Später hat er von Naumburg aus noch oft die Mutter seines Freundes besucht – auch die Försterleute – und fing bald selber an, genau wie sie, mit Gott zu reden, und hat auch seinen Eltern gesagt, was es für ihn bedeutete: zu Weihnachten »dreimal Glück gehabt«.

Woher ich das weiß? Ich wohnte damals in Thüringen, als am Heiligen Abend 1938 durch das Radio die Nachricht von dem furchtbaren Eisenbahnunglück bei Großheringen kam. Spät am

Heiligen Abend hatten seine Eltern, die wir gut kannten, bei uns angerufen und uns gesagt, dass ihr Sohn mit diesem Zug fahren wollte, weil er morgens in Göttingen einen Autounfall gehabt hatte. Sie hätten bei allen Stellen herumtelefoniert, um zu erfahren, ob er das Zugunglück überlebt habe, jedoch keine Auskunft über ihn bekommen. In ihrer Sorge baten sie uns, für ihn zu beten, aber auch fürbittend an sie zu denken in dieser Nacht des Wartens, Bangens und Hoffens.

Als wir dann am ersten Feiertag vom Gottesdienst nach Hause kamen, klingelte wieder das Telefon. Die Eltern gaben uns die gute Nachricht durch, dass ihr Sohn auf wunderbare Weise zum dritten Mal bewahrt und gerettet sei. Er habe sie nun zum ersten Mal als Erwachsener in den Festgottesdienst begleitet. Er habe zwar schwer am Verlust seines Freundes zu tragen, wirke aber wie umgewandelt.

Gerda Zottmaier

Das Jesuskind kehrt heim

Das Jesuskind aus dem 1493 in der Lübener Kirche
aufgestellten Schnitzaltar (von einem Veit-Stoß-Schüler).
Der Altar befand sich ohne Jesuskind im Breslauer Museum.

Es waren trübe Novembertage, als ich durch Sachsen und über die Görlitzer Neiße den Weg in meine schlesische Heimat antrat. Wir waren 1945 geflüchtet. Und nun hörte ich von den Übriggebliebenen in der alten Heimat, dass sie ohne geistliche Betreuung waren. So fasste ich den Entschluss, zu ihnen zurückzukehren. Eine gefahrvolle Fahrt. Aber schließlich gelang es mir doch, meinen Kirchenkreis Lüben, der zwischen Oder und Niederschlesischer Heide liegt, zu erreichen.

Hier in Lüben stand noch die alte Kirche, die den Sturm des Krieges überdauert hatte. Sie war bekannt durch ihr hochragendes, domähnliches Kirchenschiff und ihre berühmten Schnitzaltäre aus der Schule von Veit Stoß. So war mein erster Gang 1945 in das alte Gotteshaus. Ach, wie sah es aus! Verunreinigt und geschändet. Aber die Schnitzaltäre befanden sich noch im Innern. Bei näherem Betrachten entdeckte ich aber, dass in dem wertvollen Weihnachtsaltar das Jesuskind fehlte. Durchziehende Soldaten hatten es gewiss aus den Händen der Maria geschlagen. Daneben die drei Weisen aus dem Morgenlande, die auf den leeren Platz blickten.

Wo war das Kind nur geblieben?

Nach Wochen fand ich es in einem Schutthaufen in einer Ecke der großen Kirche. Ein kleines kunstvolles Figürchen mit roten Bäckchen und den Händen der Maria, die es umfassten.

Ich nahm das Jesuskind an mich, um es später dem Altar wieder einzufügen.

Doch dazu kam es nicht. Denn nach einigen Wochen waren die Tafeln der Schnitzaltäre – die aus dem Jahre 1493 stammten – spurlos verschwunden. Alles Nachforschen blieb erfolglos.

Und so nahm ich das Jesuskind an mich und brachte es 1947, als wir alle die Heimat verlassen mussten, nach dem Westen. Hier zeigte ich es und erzählte dabei die Geschichte meiner Kirche. 27 Jahre blieb die kleine 500-jährige Figur in meiner Hand.

Da ereignete sich eines Tages etwas Überraschendes: Die Abbildung dieses Altars war in einer Zeitung erschienen und gelangte auch nach Breslau. Dort stellte man fest: Der berühmte Altar aus Lüben befindet sich im Breslauer Museum, aber ohne Jesuskind. Nun erfuhr man dort, dass ich die ergänzende Weihnachtsfigur besaß, das Kernstück des Kunstwerkes.

In einem Brief des polnischen Museumsdirektors an mich kam zum Ausdruck, wie sehr er sich freuen würde, wenn das Jesuskind wieder in den Altar eingefügt werden könnte. Er sollte doch wieder vollständig den vielen Menschen, Gruppen und Schulklassen, die das Museum besuchen, gezeigt werden. Was sollte ich tun? Das Kind gehört doch zur Mutter Maria. Die Figur hatte nur für mich Erinnerungswert. Also: Das Kind wird nach Breslau gebracht.

So kam der Tag des Abschieds. Wir waren in unserer Kapelle versammelt. Das Jesuskind hatte ich mitgebracht und erzählte von seinem Schicksal und von der bevorstehenden Heimkehr.

Dann ging die kleine Figur durch die Bankreihen von Hand zu Hand. Manche streichelten das Kind. Es war ein bewegender Abschied. Dann wurde es zum Schluss auf den Altar gelegt.

Der Flug nach der alten Heimat ging sehr schnell. Nach 27 Jahren sah ich Breslau wieder, wurde auf dem Flughafen empfangen und am nächsten Tage zum Museum abgeholt. Die Mitarbeiter der Museumsleitung saßen dann mit mir am runden Tisch. Kein Wort von Politik – nur über Kunst und die Geschichte Schlesiens unterhielten wir uns. Als ich mein Jesuskind auspackte und auf den Tisch legte, wurden die Augen der polnischen Menschen feucht. Ergriffen schauten sie auf das Kind, das ich nun zu dem Schnitzaltar zurückbrachte.

Dann kam der große Augenblick. Wir gingen zum ersten Stock hinauf, wo sich mein Lübener Altar befinden sollte. Richtig – dort hängt er! So wie ich ihn zuletzt 1945 in meiner Kirche sah.

Da nahm ich das Jesuskind und gab es zwischen Maria und den drei Weisen in die Hände seiner Mutter zurück. Ganz genau passte es hinein, auf den Millimeter genau. Und als ich es dann nochmals herausziehen wollte, war dies kaum möglich. Die Hände der Maria hielten das Kind ganz fest.

Aber dann erlebte ich etwas Wunderbares: Das Altarbild begann zu leuchten. Der Mittelpunkt, das Jesuskind, war wieder vorhanden. Von dort erhielt der Altar seine Strahlkraft. Auf dieses Zentrum hin haben die mittelalterlichen Künstler gewiss das Kunstwerk geschaffen. Alle Anwesenden empfanden in diesem Augenblick dasselbe.

Ich sagte: »Auf andere Figuren könnte man verzichten, auf das Jesuskind und seine Mutter nicht.« Welche Bedeutung hat das alles: Christus – die Mitte!

So ist das Jesuskind heimgekehrt. Und ich habe noch lange das leuchtende Altarbild betrachtet. Ein Leuchten, das nicht aufhörte, an das ich oft denke und das mich heute noch froh macht.

Rudolf Irmler

Der Gast beim Bauern

Diese wahre Geschichte, die davon handelt, wie Christus an einem Weihnachtsfeste selbst zu Gast zu einem Bauern kam, und davon, was er ihn da lehrte, vernahm ich von einem alten Sibirjaken, der die Begebenheit in nächster Nähe miterlebt hatte. Was er mir erzählte, werde ich mit seinen eigenen Worten wiedergeben:

Unsere Gegend ist eine Verbanntensiedlung, doch eine gute, Handel treibende Gegend. Mein Vater kam hin zu der Zeit, als in Russland noch die Leibeigenschaft herrschte, ich aber bin bereits dort geboren. Wir hatten Vermögen, ausreichend für unsere Verhältnisse, sind auch jetzt nicht arm. Wir halten uns an den üblichen schlichten russischen Glauben. Mein Vater war belesen und brachte auch mir die Lust zum Lesen bei. Wer das Wissen liebte, galt mir für den vornehmsten Freund, ich war bereit, für ihn durch das Feuer oder das Wasser zu gehen. Und nun bescherte der Herr, mir zur Freude, mir einst den Freund Timofei Ossipowitsch, von dem ich Ihnen gerade erzählen will, wie ihm ein Wunder widerfuhr.

Timofei Ossipowitsch geriet zu uns noch als ein junger Mann. Ich war damals achtzehn Jahre alt, er aber vielleicht so einige zwanzig. Timoschas Lebensführung war die allerbeste. Warum er vom Gericht zur Verbannung verurteilt worden war, danach fragt man aus Rücksicht unter unseren Verhältnissen nicht, doch hieß es, ein Oheim* habe ihn geschädigt. Jener sei des Waisenknaben Vormund gewesen und habe fast dessen gesamtes Gut entweder durchgebracht oder sich angeeignet. Timofei Ossipowitsch aber habe damals, entsprechend seinen jungen Jahren, der Geduld ermangelt; es sei zwischen ihm und dem Oheim zum Streit ge-

---

*   Veraltet für Onkel [Anmerkung des Verlags].

kommen, er habe auf den Oheim mit der Waffe eingestochen. Dank Gottes Barmherzigkeit sei nun diese sündhafte Wahnwitztat nicht zur Vollendung gekommen – Timofei habe nur die Hand des Oheims durchstochen. Seiner Jugend wegen sei ihm keine schwere Strafe zuerkannt worden: Er ward als einer vom Stande der Kaufleute erster Gilde zum Siedeln zu uns verbannt. Obwohl Timoschas Vermögen ihm zu neun Zehnteln geraubt worden war, auch mit dem letzten Zehntel ließ sich's leben. Er baute sich bei uns ein Haus und begann in ihm zu wohnen. Das Unrecht jedoch, das er erlitten hatte, kochte in seiner Seele, und lange hielt er sich von jedermann fern. Er saß andauernd zu Hause, und nur sein Knecht und dessen Weib bekamen ihn zu sehen; zu Hause aber las er immerzu Bücher, und zwar die allerfrömmsten. Schließlich wurden wir miteinander bekannt, gerade durch die Bücher, und ich begann ihn zu besuchen, er aber nahm mich gern an. Wir fanden Wohlgefallen aneinander.

Zu Anfang ließen meine Eltern mich ungern gehen. Sie wurden aus ihm nicht recht klug: »Man weiß nicht, wer er ist und warum er sich vor allem verbirgt. Möchte er dir nur nichts Schlechtes beibringen.« Ich aber, der ich dem Elternwillen gehorchte, ich sagte ihnen, Vater und Mutter, wahrheitsgemäß, dass ich von Timofei nichts Schlechtes zu vernehmen bekäme und dass wir uns damit beschäftigten, zusammen Büchlein zu lesen und vom Glauben zu sprechen, welcherweis man gemäß Gottes heiligem Willen zu leben habe, um das Bild des Schöpfers in sich nicht zu erniedrigen und zu schänden. So erlaubte man mir, bei Timofei zu sitzen, so viel ich wollte, und mein Vater ging selbst zu ihm; danach kam Timofei Ossipowitsch auch zu uns. Meine Alten sahen, dass er ein guter Mensch war, und gewannen ihn lieb, und es begann ihnen leidzutun, dass er häufig düster war. Gedachte er nämlich des Unrechtes, das man ihm angetan hatte, besonders auch, wenn man vor ihm nur mit einem Wörtchen seines Oheims erwähnte, so ward er ganz bleich, ist hernach ganz durcheinander und lässt, ganz mutlos, die Hände sinken. Dann will er auch nicht mehr lesen und – anstatt seiner üblichen Freundlichkeit – leuchtet Zorn in seinen Augen. Er war von musterhafter Ehrlichkeit und ein kluger Kopf; infolge seines Grames jedoch enthielt er sich jedes Unternehmens. Doch seiner Schwermut half der Herr bald ab: Ihm gefiel meine Schwester, er heiratete sie, hörte auf, sich zu grämen, begann vielmehr zu leben und zu gedeihen und zu verdienen und erwies sich nach zehn Jahren vor aller Welt Augen als ein höchst kapitalkräftiger Mann. Er errichtete sich ein Haus mit schönen Stuben; es war mit allem erfüllt, alles hatte er zur Genüge, er genoss die Achtung aller, und sein Weib war wacker, die Kinder gesund. Was bedurfte es da noch mehr? Man möchte meinen, alles vergangene Leid ließe sich vergessen, er aber gedachte dennoch des Unrechts, das ihm widerfahren, und einmal, als wir zusammen in einem Wägelchen fuhren und in aller Freundschaft plauderten, fragte ich ihn: »Wie nun, Bruder Timoscha, bist du jetzt mit allem zufrieden?«

»Wie meinst du das?«, fragte er.

»Hast du jetzt alles wieder, was du in deiner Heimat verloren hast?« Er aber wurde auf der Stelle ganz bleich und antwortete kein Wort, sondern lenkte nur schweigend das Pferd.

Da bat ich um Entschuldigung. »Du, Bruder«, sag ich, »vergib, dass ich so fragte. Ich dachte, jenes Böse sei schon lange … vorbei und vergessen.«

»Es kommt nicht darauf an«, antwortete er, »dass es lange vorbei ist … Es ist vorbei, dennoch denkt man daran.«

Er tat mir leid, nicht jedoch in der Hinsicht, dass er ehemals mehr besessen hatte, doch darin, dass er sich in einer solchen Verfinsterung befand, dass er die Heilige Schrift zwar kennt und gut vom Glauben zu reden versteht, doch das Unrecht so ständig im Gedächtnis bewahrt. Das heißt doch, das Wort Gottes sei ihm nichts nütze?

Ich wurde nachdenklich, zumal ich in allem ihn für klüger als mich selber hielt und von ihm durch gute Gespräche Förderung erhoffte – er indessen gedenkt des ihm angetanen Bösen.

Er bemerkte das und spricht: »Woran denkst du eben?«

»Nur so«, spreche ich, »daran, was mir grad einfällt.«

»Nein, du denkst nach über mich.«

»Ich denke nach auch über dich.«

»Was denkst du da von mir?«

»Du, bitte, sei nicht böse. Folgendes dachte ich von dir: Du kennst die Schrift, doch dein Herz ist voller Zorn und unterwirft sich nicht Gott. Hast du denn unter solchen Umständen irgendeinen Nutzen von der Schrift?«

Timofei wurde nicht böse, nur ward er im Antlitz betrübt und finster, und er spricht: »Du bist nicht kundig genug in der Heiligen Schrift, dich auf sie zu berufen.«

»Da hast du«, sage ich, »recht. Ich bin nicht kundig.«

»Kundig bist du auch nicht«, spricht er, »hinsichtlich dessen, was es in der Welt für Unrecht gibt.«

Ich stimmte ihm auch hierin zu, er aber hub an zu sagen, es gebe derartiges Unrecht, dass man es nicht ertragen könne – und erzählte mir, er sei nicht des Geldes wegen gegen seinen Oheim so zornig geworden, sondern aus einem anderen Grunde, der nicht zu vergessen sei: »In alle Ewigkeiten wollte ich darüber schweigen, jetzt aber will ich mich vor dir, als vor meinem Freunde, aussprechen.«

Ich sagte: »Sollte dir's frommen, sprich dich aus.«

So eröffnete er mir, dass sein Oheim schon seinen Vater tödlich gekränkt hatte, seine Mutter durch Kummer, den er ihr bereitet, ins Grab gebracht, ihn selber verleumdet und, alt, wie er gewesen, mit Schmeicheleien und Drohungen gewisse Leute bestimmt, ihm, dem Greisen, zur Frau das junge Mädchen zu geben, das der Timoscha von Kind auf geliebt und seit jeher zu heiraten sich vorgenommen hatte. »Kann man denn«, spricht er, »alles das vergessen? Ich vergeb' es ihm zeitlebens nicht.«

»Gewiss«, erwiderte ich, »das Unrecht, das man dir angetan hat, ist groß – das stimmt. Dass aber die Heilige Schrift dir zu nichts nütze ist, ist ebenfalls keine Lüge.«

Er aber führt mir wieder zu Gemüte, dass meine Schriftkunde schwächer als die seine sei, und beginnt mir auseinanderzusetzen, wie doch nach dem Alten Testamente die heiligen Männer selber der Gesetzesbrecher nicht geschont, ja, sie mit eigenen Händen abgeschlachtet hätten. Wollte doch der Arme derart seine Gesinnung vor mir rechtfertigen.

Ich aber antwortete ihm bei meiner Einfalt einfältig.

»Timoscha«, spreche ich, »du bist ein kluger Kopf, bist belesen und weißt alles, und ich kann in Sachen der Schrift dir nicht widersprechen. Was ich gelesen habe, gestehe ich dir, verstehe ich nicht durchweg, weil ich ein sündiger Mensch und beschränkten Verstandes bin. Doch möchte ich dir sagen, dass im Alten Testamente alles so altertümlich ist und dem Verstande irgendwie zweideutig schillert; im Neuen aber steht es deutlicher. Dort leuchtet über allem das ›Liebe und Vergib‹, und das ist köstlicher denn alles, ist wie ein goldener Schlüssel, der jedes Schloss aufschließt. Was aber ist zu vergeben? Etwa irgendeine geringe Verfehlung und nicht gerade die ärgste Schuld?«

Er schweigt.

Da dachte ich: »Herr, gefiele dir's doch, durch mich ein Wort der Seele meines Bruders zu sagen!« Und ich hielt ihm vor, wie sie Christum schlugen, misshandelten, bespien und mit ihm so verfuhren, dass er nirgends eine Stätte hatte; er aber vergab allen.

»Folge«, sagte ich, »lieber diesem Beispiel und nicht dem Rachebrauche.« Er aber hub an mit weitläufigen Auslegungen des Inhalts, es habe jemand geschrieben, gewisse Dinge vergeben wäre dasselbe wie das Übel mehren.

Dem konnte ich nicht widersprechen, so sagte ich nur, ich besorgte, dass »viele Bücher einen um den Verstand brächten«. – »Du«, sagte ich, »rüste dich wider dich selber. Solange du des Bösen, das dir widerfahren, gedenkst, ist das Böse lebendig. Lass es nur sterben, dann wird auch deine Seele in Frieden zu leben beginnen.«

Timofei hörte mich an bis zum Ende und drückte mir fest die Hand, redete von nun ab nicht mehr weitläufig, sondern sagte nur kurz: »Ich kann nicht. Lass ab, du machst das Herz mir schwer.«

Ich ließ ab. Ich wusste, er hatte Leid, und schwieg. Doch die Zeit ging hin, und es verstrichen noch sechs Jahre, und all die Zeit beobachtete ich ihn und sah, dass er immer noch litt und dass er, wenn man ihn völlig freiließe und er irgendwo den Oheim träfe, die ganze Heilige Schrift vergessen und dem Rachesatan verfallen werde. In meinem Herzen aber war ich getrost, weil ich da den Finger Gottes wahrnahm; schon begann dieser sich ein wenig zu zeigen; so würden wir gewiss die ganze Hand zu sehen bekommen. Der Herr würde meinen Freund aus der Sünde des Zornes erretten.

Das aber verwirklichte sich auf höchst wunderbare Weise. Damals lebte Timofei schon das sechzehnte Jahr bei uns als ein Verbannter, und schon waren fünfzehn Jahre vergangen, seit er sich beweibt hatte. Er mochte wohl siebenunddreißig bis achtunddreißig Jahre zählen, hatte drei Kinder und ein schönes Leben. Besonders lieb hatte er Blumen – Rosen – und hatte deren viele bei sich, an den Fenstern wie auch am Bretterzaun. Der ganze Platz vor dem Hause war mit Rosen bepflanzt, und dank ihrem Dufte war das ganze Haus voller Wohlgeruches.

Und nun hatte Timofei die folgende Gewohnheit: Regelmäßig, sobald die Sonne tief stand, trat er aus dem Hause, putzte selbst seine Rosenstöcke aus und las alsdann auf der Bank ein Buch. Außerdem, so viel ich weiß, betete er dort auch häufig.

Derart begab er sich auch einmal nach dem Platze und hatte das Evangelium mitgenommen. Er sah nach den Rosenstöcken, dann setzte er sich, schlug das Buch auf und begann zu lesen. Da liest er nun, wie Christus als Gast zum Pharisäer kam; da gaben sie ihm nicht einmal Wasser, die Füße zu waschen. Da fühlte Timofei ganz unerträglich die dem Herrn angetane Kränkung mit, und dieser tat ihm leid, so leid, dass er zu weinen anhub darüber, wie jener reiche Hausherr mit seinem heiligen Gaste umgegangen. Und siehe: In diesem nämlichen Augenblicke ereignete sich der Beginn des Wunders, worüber mir Timofei Folgendes mitteilte: »Ich blicke«, spricht er, »um mich und denke: Was habe ich doch für ein Auskommen und einen Überfluss, aber mein Herr ging einher in solcher Armut und Niedrigkeit! Und meine Augen füllten sich ganz mit Tränen, und ich konnte trotz allen Blinzelns ihrer nicht Herr werden; alles um mich aber wurde rosenfarben, selbst meine Tränen. In diesem Zustand, gleichsam unbewusst oder in einer Ohnmacht, rief ich aus: Herr, kämest du zu mir, ich gäbe mich selbst dir hin!«

Ihm aber wehte da plötzlich irgendwoher durch das Rosenlicht im Windhauch die Antwort zu: »Ich werde kommen.«

Timofei kam zitternd zu mir gerannt und fragt: »Wie dünkt dich? Kann der Herr wirklich zu mir zu Gaste kommen?«

Ich antwortete: »Das, Bruder, geht mir über den Verstand. Ließe sich darüber nicht etwas in der Heiligen Schrift finden?«

Timofei aber spricht: »Es ist immer derselbe Christus, heute und in Ewigkeit. Ich wag nicht, es nicht zu glauben.«

»Dann«, sage ich, »glaub es.«

»Ich werde befehlen, dass man tags ein Gedeck auf dem Tische für ihn bereithalte.«

Ich zuckte die Achseln und antwortete: »Frag mich nicht weiter, sieh du nur selber zu, was ihm am wohlgefälligsten wäre.

Übrigens meine ich nicht, dass ein Gedeck auf deinem Tische ihn kränkte; immerhin, wäre das nicht Hochmut?«

»Es steht geschrieben«, sagte er: »›Dieser nimmt die Sünder an und isst mit den Zöllnern.‹«

»Es steht aber auch geschrieben«, antwortete ich: »›Herr, ich bin nicht wert, dass du unter mein Dach gehest.‹ – Auch das scheint mir am Platze.«

Timofei erwiderte: »Das verstehst du nicht.«

»Gut – wie du willst.«

Timofei ließ sein Weib seit dem folgenden Tage einen überzähligen Platz bei Tische bereithalten. Setzten sie sich zu Tische, zu fünfen – er, seine Frau und drei Kinder –, immer ist da noch ein sechster Platz bereit, der Ehrenplatz am Tischende, und davor ein großer Lehnsessel. Die Frau war neugierig: Was heiße das, wozu und für wen sei das bestimmt? Timofei jedoch weihte sie nicht in alles ein. Seinem Weibe und anderen sagte er nur, so müsse es seines innerlichen Gelübdes wegen gehalten werden, »für den vornehmsten Gast, der da käme«. Wer damit wirklich gemeint war, das wusste – außer ihm und mir – kein Mensch. Timofei erwartete den Erlöser am Tage, nachdem er das Wort im Rosengarten vernommen hatte, er erwartete ihn auch noch am dritten Tage, danach am nächstfolgenden Sonntag – doch hielt er mit seinem Warten an: An jedem Feiertag erwartete Timofei immer wieder Christus zu Gaste, und er erschöpfte sich vor lauter Unruhe, ließ aber nicht nach im Vertrauen, dass der Herr sein Versprechen halten – dass er kommen werde. Das gestand Timofei mir bei den folgenden Worten: »Tagtäglich«, spricht er, »bete ich: Ja, komm, Herr; und warte. Doch höre ich nicht die ersehnte Antwort: Ja, ich komme bald.«

Ich im Geiste war ungewiss, was ich Timofei darauf antworten sollte, und oft dachte ich, mein Freund wäre hochmütig geworden und dafür verwirre ihn jetzt eine trügerische Versuchung. Gottes Vorsehung aber fügte es anders.

Das Christfest kam. Es war harte Winterszeit. Timofei kommt zu mir am Heiligen Abend und spricht: »Lieber Bruder, morgen erwarte ich den Herrn.«

Ich pflegte schon lange nicht mehr auf dergleichen Reden zu antworten und fragte damals nur: »Was gibt dir dazu die Gewissheit?«

»Diesmal«, antwortete er, »sobald ich nur das ›Komm, Herr‹ gebetet hatte, geriet meine ganze Seele in Bewegung, und es klang in ihr auf wie mit Posaunenschall: ›Ja, ich komme bald.‹ Morgen ist sein heiliges Fest – sollte er nicht an diesem Tage mich besuchen wollen? Komm du zu mir mit der ganzen Verwandtschaft, sonst bebt mir die Seele nur immer vor lauter Furcht.«

Ich spreche: »Timoscha, du weißt, dass ich über dieses alles kein Urteil habe, auch nicht erwarte, den Herrn zu schauen, weil ich ein sündiger Mann bin – doch du bist von unserer Sippe, wir werden zu dir kommen … Du aber, wenn du bestimmt einen so großen Gast erwartest, ruf du da nicht deine Freunde zusammen, sondern suche nach einer ihm wohlgefälligen Gesellschaft.«

»Ich verstehe«, antwortete er, »ich werde sofort meine Knechte und meinen Sohn durch das Dorf schicken und alle Verbannten einladen, die da in Not und Bedürftigkeit sind. Sollte Gott mir die wunderbare Gnade erweisen, dass er käme, soll er alles, wie er es geboten hat, vorfinden.«

Wir kamen am Weihnachtstage zu Timofei mit der ganzen Familie, ein wenig später, als man sonst zu einem Mittagsmahle auf Einladung kommt. Denn so hatte er eingeladen, damit man erst, wenn alle Erwarteten zur Stelle wären, mit dem Mahle beginne. Wir fanden seine geräumigen Stuben voller Leute unserer, der sibirischen Verbanntenart: Männer und Weiber und das heranwachsende Kindergeschlecht, Leute von jedem Beruf und aus verschiedenen Gegenden, so Russen wie Polen und Bekenner des estnischen Glaubens. Timofei hatte alle die armen Siedler, die seit Ankunft in ihren Wirtschaften noch nicht auf die Beine gekommen waren, versammelt. Die Tische waren groß, mit Leinen gedeckt und bestellt mit allem Erforderlichen. Die Mägde liefen hin und her und stellten Kwass und Schüsseln mit Fleischpasteten darauf. Draußen aber begann es schon zu dämmern, auch war niemand mehr zu erwarten; alle Boten waren wiedergekehrt, von nirgendher mehr waren noch Gäste zu erwarten, weil draußen ein Schneegestöber begonnen hatte, ein Stürmen und Wehen, als wäre der Jüngste Tag hereingebrochen.

Ein Gast nur fehlt und fehlt – der werter ist denn alle.

Schon hätte man die Kerzen anzünden und sich zu Tisch setzen müssen, denn es war schon ganz dunkel geworden, und wir alle harren im Finstern beim schwachen Lichte der Lämpchen vor den Heiligenbildern.

Timofei ging bald umher, bald saß er, er befand sich augenscheinlich in quälender Unruhe. Seine ganze Zuversicht war ins Wanken geraten. Liegt es doch schon zutage, dass der »große Gast« nicht kommen werde.

Es verging noch eine Minute, und Timofei seufzte auf, sah mich traurig an und spricht: »Nun, lieber Bruder. Ich sehe, entweder ist es Gottes Wille, mich zum Gespötte zu machen, oder du hast recht: Ich hab's nicht verstanden, alle die Erforderlichen zu versammeln, denen Er begegnen möchte. Alles geschehe nach Gottes Willen; lasst uns beten und uns zu Tische setzen.«

Ich antwortete: »Also bete.«

Er trat vor das Heiligenbild und begann laut zu beten: »Vater unser, der du bist im Himmel«, und danach: »Christ wird geboren, lobsinget! Christ kommt vom Himmel, verkündet es, Christ ist auf Erden …«

Kaum aber hatte er dieses Wort ausgesprochen, als plötzlich irgendetwas so fürchterlich von außen an die Wand schlug, dass alles zu schwanken anhub; dann aber fuhr ein lautes Getöse durch den breiten Flur, und unversehens sprang die Stubentür von selbst sperrangelweit auf.

Alle Leute, so viele dort waren, warfen sich in unbeschreiblichem Schrecken in eine der Zimmerecken, viele stürzten zu Boden, und nur die Wagemutigsten blickten auf die Tür. In der Tür auf der Schwelle aber stand ein uralter Mann, bekleidet mit nichts als schlechten Lumpen, zittert und hält sich, um nicht umzufallen, mit beiden Händen an den Wandbrettern fest; hinter ihm her jedoch, aus dem Flur, der unbeleuchtet war, fällt ein unsäglicher rosenfarbener Schein, und über die Schulter des Alten streckt sich in die Stube vor eine schneeweiße Hand; und sie hält eine länglich gestreckte tönerne Lampe mit einem Flämmchen, wie man sie auf Darstellungen des Nikodemusgespräches gemalt sieht. Der Wind mit dem Schneegestöber tobt da draußen, aber die Flamme bringt er nicht zum Flackern. Und diese Flamme scheint dem Alten ins Antlitz und auf die Hand, auf der Hand aber fällt einem in die Augen eine vernarbte alte Schramme, die von der Kälte ganz weiß geworden ist.

Kaum erblickte ihn Timofei, so schrie er auf: »Herr, ich sehe ihn und nehme ihn auf in deinem Namen. Du selbst aber gehe nicht bei mir ein, ich bin ein böser und sündiger Mensch.« Und damit verneigte er sich mit dem Antlitz bis zum Boden. Mit ihm zugleich aber fiel auch ich nieder aus Freude darüber, dass ihn die echte christliche Demut angerührt hatte, und rief nun aus, dass alle es hörten: »Seien wir des inne: Christus ist mitten unter uns!«

Alle aber antworteten: »Amen!« – das bedeutet: »Es ist gewisslich wahr.«

Nun brachte man Licht – Timofei und ich, wir richteten uns auf vom Boden, die weiße Hand war schon nicht mehr zu sehen –, nur der Alte war geblieben.

Timofei stand auf, nahm ihn an beiden Händen und setzte ihn auf den vornehmsten Platz. Wer aber dieser Alte war – vielleicht erraten Sie es selber –, so war das Timofeis Feind, der Oheim, der ihn so völlig zugrunde gerichtet hatte. Mit knappen Worten berichtete jener, dass bei ihm alles in Trümmer gegangen sei: Familie und Reichtum seien verloren, er wandere schon lange, um den Neffen aufzufinden und ihn um Verzeihung zu bitten. Er habe danach gedürstet und sich doch vor Timofeis Zorn gefürchtet, in diesem Schneegestöber jedoch den Weg verloren und, dem Erfrieren nahe, nun sterben zu müssen gewähnt.

»Plötzlich jedoch«, erzählte er, »leuchtete mir irgendein Unbekannter und sagte: ›Geh hin und wärme dich an meinem Platze und iss aus meiner Schale‹, griff mich an beiden Händen, und so war ich denn hier, weiß selber nicht woher.«

Timofei jedoch antwortete vor allen: »Ich, Oheim, kenne deinen Geleiter. Das ist der Herr, der da gesagt hat: ›Hungert dein Feind, so speise ihn mit Brot, dürstet ihn, so tränke ihn mit Wasser.‹ Setze dich bei mir auf den vornehmsten Platz und iss und trink ihm zur Ehre und bleibe in meinem Hause nach Herzenslust bis zu deinem Lebensende.« Seitdem nun blieb auch der Alte bei Timofei, und sterbend segnete er ihn. Timofei aber fand für immer Ruhe in seinem Herzen.

So ward dieser Bauer gelehrt, in seinem Herzen eine Krippe für den auf Erden geborenen Christus herzurichten. Und ein jedes Herz vermag gleichfalls zu solcher Krippe zu werden, falls es das Gebot erfüllt: »Liebet eure Feinde, tut wohl denen, so euch beleidigen.« Christus wird in dieses Herz eingehen wie in eine geschmückte Kammer und wird dort Wohnung nehmen. – »Ja, komm, Herr! Ja, komm bald!«

Nikolai Lesskow

Weihnacht will's nun wieder werden

Weihnacht will's nun wieder werden,
Nacht, in die der Engel spricht
frohe Botschaft: Fried auf Erden!
Freut euch! Fürcht' euch nicht!

Immer wenn das Jahr sich ründet
und die Nacht am längsten währt,
wird der Welt das Licht verkündet,
das ins Dunkle fährt.

Wenn in Nacht und Not verloren
keins mehr Halt und Hilfe find't,
naht sich Gott und wird geboren
arm als Mensch und Kind.

Sucht als Ärmster unter allen
unsre Armut, Hütt und Herz,
und als wär's sein Wohlgefallen,
trägt er unsern Schmerz.

Weihnacht will's nun wieder werden.
Hört's, wenn heut der Engel spricht:
Gott ist da! Drum Fried auf Erden!
Freut euch! Fürcht' euch nicht!

Arno Pötzsch

Teil 5

Freut euch nun!

Nun ist die Stunde kommen.
Die stille Kerze brennt.
Nun hast Du weggenommen,
was Dich und mich getrennt.

Nun bist Du mir geboren
aufs Neu in dieser Nacht.
Hast Dir mein Herz erkoren,
zur Herberg mich gemacht.

Nun leuchte Du und glühe
mit Deiner Lieb mich rein.
Nun wachse Du und blühe
in mir, nur Du allein!

Siegfried Goes

Das Bild aus der Ferne

»Ein Brieftelegramm!«, sagte der Postbote mit Nachdruck, als er in das schmale Studierzimmer des Pfarrers Martin Wesenberger trat und die Post auf den Schreibtisch legte: Zeitung, Zeitschrift, zwei Postkarten, einen Brief und eben das Telegramm im Umschlag mit dem durchsichtigen Fenster. Der Pfarrer öffnete es sogleich.

»Mein Bruder kommt«, bemerkte er beim Überfliegen des Textes, »heute Abend trifft er ein.«

»Da gratuliere ich, Herr Pfarrer«, erwiderte der grauhaarige Briefträger. »Eine Weihnachtsüberraschung, wie? Und so ein prächtiges Wetter!« Vor dem Fenster schien die klare Wintersonne auf den frischen Pulverschnee.

Die Nachricht vom Weihnachtsbesuch im Pfarrhaus würde im Dorf offene Ohren finden. Der junge Pfarrer war noch unverheiratet, und an Einladungen für die Festtage fehlte es ihm nicht. Die Bauern würden sich freuen, noch einen Gast mehr an der Tafel zu haben. Wesenbergers Bruder würde eine Weihnachtsgans mit allem Drum und Dran nicht verschmähen. Ein warmer Kachelofen in einer geräumigen Bauernstube hat auch für einen Mann aus der Stadt seine Anziehungskraft.

Pfarrer Wesenberger sah dem Postboten nach, wie dieser, beschwingt von der Neuigkeit, die er nun mit austragen konnte, ins Dorf hinabstapfte, das in einer Senke lag, flankiert von steilen Höhen des Bergwaldes, dessen hochstämmige Fichten die Schneelast der letzten Tage geduldig trugen. Die winterliche Natur gab dem Christfest einen sauberen, gesunden Rahmen. Das Weihnachtswetter war den Menschen nicht weniger wichtig als der Christstollen: War beides gut geraten, herrschte eitel Wonne.

Der Pfarrer hielt nachdenklich das Telegramm in der Hand.

Er las es noch einmal Wort für Wort: »Eintreffe mit Wagen Heiligabend. Hungere nach unseren Bergen. Mein Wunschzettel: Licht, Luft und führiger Schnee. Bernhard.«

Burschikoser Stil und Naturschwärmerei – das war echt Bernhard Wesenberger. Wenn die Arbeit ihn einmal losließ, warf er sich der Natur in die Arme. Martin Wesenberger kannte seinen Bruder nicht anders. Ein Erfolgsmensch, ein Brausekopf. In der Elektroindustrie war Dr. Ing. Bernhard Wesenberger als vorausdenkender Kopf bekannt, und sein Name war mit der rapiden Entwicklung der Rundfunk- und Fernsehgeräte verknüpft. Jetzt kam er, um bei Martin in dem abgelegenen Bergdorf zu pausieren, die Nerven zu stärken.

Mehrere Jahre hatten sich die Brüder nicht gesehen, und für private Briefe hatte Bernhard keine Zeit.

Das Telefon unterbrach seine Gedankenkette. Ein Gespräch von auswärts.

»Martin, bist du selber am Apparat?«

»Ja, Bernhard. Grüß dich Gott!«

»Mein Wagen hat eine Panne, Martin. Ich werde erst nachts eintreffen.«

»Bin sowieso auf, Bernhard.«

»Wohl wegen der Weihnachtspredigt, wie?« Der Bruder lachte. »Mir genügt, wenn du die Haustür offen lässt. Ein herrlicher Sternenhimmel draußen wird mein Weihnachtsbaum sein. Also auf später, Martin!«

Der Pfarrer legte den Hörer auf. Schade … Bernhard würde nun nicht in der Christmette sein, er wird ausschlafen wollen.

Am ersten Feiertag trafen sich die Brüder kurz vor dem Festgottesdienst am Frühstückstisch. Bernhard war in bester Laune. Er hatte gut geschlafen, und am Himmel stand eine goldene Sonne. Der Schnee hatte blaue Schatten, und die Dächer trugen blendend weiße Decken, die das Wohlgefallen jedes Zuckerbäckers gefunden hätten.

»Ein herrlicher Fleck Erde!« Mit diesen Worten begrüßte Bernhard den Bruder. »Du hast es beneidenswert schön hier. Ich fiebere darauf, in die Berge zu kommen. Bitte, sei nicht böse, heute kannst du zu Mittag nicht mit mir rechnen.«

Martin sah seinen Bruder mit freundlichem Vorwurf an.

»Und der Festgottesdienst? Das Dorf schaute sich schon in der Mette die Augen nach meinem Herrn Bruder aus.«

»Morgen ist auch noch ein Feiertag, Martin, heute nicht. Die Leute werden begreifen, dass ein Städter das großartige Skiwetter nutzen muss. Himmel, bin ich ein Glückspilz! Ich will zur Baude, abends bin ich wieder zurück. Dann kann die Plauderei am Kamin steigen …«

»Nach dem Gottesdienst würdest du Aufstieg und Abfahrt auch noch bequem schaffen, zumal bei diesem Wetter.«

»Weiß ich, Martin. Aber vorher habe ich noch eine kleine Arbeit, mein Junge. Eine Weihnachtsüberraschung für dich und das Dorf … Ich will bei euch in guter Erinnerung bleiben, mein Bester.«

»Und das wäre?«

»Verraten wird nichts! Während du predigst, werde ich hier schuften.«

»Mir wäre lieber, du würdest hören und mit uns singen, Bernhard. Es ist Christfest.«

Der Bruder machte ein verärgertes Gesicht und antwortete mit schlecht verhehlter Ungeduld:

»Sei so gut, Martin: keine Stegreifpredigt am Kaffeetisch! Vater hatte diese leidige Angewohnheit, und wir beide haben sie als Jungen verabscheut. Ich kranke noch immer daran. Deine Leute wissen, dass wir aus ein und demselben Pfarrhaus stammen, sie werden mich nicht gleich als Heiden richten und verbrennen.«

»Um die Leute geht es nicht, Bernhard, auch nicht um mich. Es geht um dich, Bruder. Manch einer ist Heide und weiß es nur nicht.« Trotz des verbindlichen Tons fühlte sich Bernhard Wesenberger durch die Bemerkung Martins angegriffen. Er sah den jungen Theologen herausfordernd an:

»Willst du Streit, Martin? Heute am Weihnachtstag? Wenn nicht, so lass das Thema fallen! Ich bin mir selbst verantwortlich. Wahrscheinlich denken wir über Religion verschieden. Der Deutsche hat sowieso seinen Weihnachtskomplex, und das Christkind kommt für ihn gleich hinter dem Klapperstorch. Ich mag heute nicht diskutieren, sondern will mich freuen, dass ich hier und bei dir bin.« Bernhard hatte die Sätze scharf betont, sie sollten eine Schranke sein. Seine Stirn war gerötet, und die kräftigen Hände zerknüllten die Festtagsserviette.

Martin faltete sein Mundtuch ruhig zusammen und fragte beiläufig: »Wie geht es Brigitte und Eveline? Wir haben von beiden noch gar nicht gesprochen. Sie sind hoffentlich gesund.«

Bernhard sah an dem Bruder vorüber zum Fenster hinaus. Er antwortete nach einigem Zögern ohne Wärme:

»Sie sind gesund, sonst hätte ich Nachricht. Es ist doch hinlänglich bekannt, dass wir getrennt leben.«

Martin blickte seinen Bruder überrascht an, so dass Bernhard schnell hinzufügte:

»Verzeih, aber du lebst anscheinend hinter dem Mond. Frau und Kind sind bei der Großmutter, und Brigitte ist wieder Lehrerin. Außerdem dichtet sie, und für Blaustrümpfe habe ich nichts übrig.«

Der junge Seelsorger brauchte eine Weile, um die Auskunft, die den Riss in Bernhards Ehe nicht zu verkleistern suchte, in ihrer Tragweite zu begreifen. Schließlich stellte er, nur um etwas zu erwidern, die törichte Frage:

»Brigitte dichtet?«

Bernhard lachte kurz auf:

»Sie hat eine poetische Ader – für den Hausgebrauch reicht es wohl. Wer weiß, wer ihr die Raupe in den Kopf gesetzt hat … Ihre

Tiefe und meine Untiefe reimen sich nicht zusammen, du verstehst. Seit wir getrennt sind, sprudeln die aufgestauten Wasser des Lebens … Bitte, lache nicht!« Er fand die Sache höchst spaßig.

Martin entgegnete ernst: »Nein, ich lache nicht.«

Er war über Bernhards Einstellung und Absage an Frau und Kind tief erschrocken, und ein dunkler Schatten fiel auf seine Weihnachtsfreude. Martin erinnerte sich gut an Brigitte, wenn er sie auch seit Jahren nicht gesehen hatte. Er kannte ihre behutsame Art, ihre innere Fröhlichkeit und Aufgeschlossenheit. Sie hatte ihm im Vorjahre ein Bild der kleinen Eveline geschickt, ohne jedoch ein Wort von dem Ehezerwürfnis verlauten zu lassen. Nun saß der Vater ihm gegenüber am Tisch, ohne Sehnsucht nach Frau und Kind, ja, bereit, sie zu verleugnen. Dieser Vater war sein Bruder.

In diesem Augenblick läuteten die Glocken des Christfestes. Martin Wesenberger erhob sich.

»Ich muss mich bereitmachen«, sagte er. »Wie unser Vater es hielt, so will ich mich in aller Stille zum Gottesdienst sammeln.«

Bernhard nickte. Martin war aus einem anderen Holz geschnitzt als er. Wenn er bei Physikertagungen zu reden hatte, dann trat er mitten aus dem Gespräch aufs Podium. Er schaltete ein und ab wie bei seinen Rundfunkgeräten.

»Sobald ich oben auf der Baude* bin, werde ich einen Juchzer tun«, rief er dem Bruder nach und ließ einen gedämpften Jodler der Vorfreude hören.

Aber Martin drehte sich nicht um.

Kaum war der junge Pfarrer auf dem Fußsteig hinüber zur Kirche, als im Hause eine fieberhafte Tätigkeit begann. Bernhard holte aus dem geräumigen Kofferraum seines schweren Wagens

---

*   Mittelhochdeutsch für eine abgelegene Hütte im Gebirge [Anmerkung des Verlags].

einen großen Kasten, den er im Wohnzimmer neben der Krippe aufstellte. Dann montierte er mit der Sicherheit des geschulten Fachmannes eine komplizierte Antenne am Fenster. Nach fast anderthalbstündigem Bemühen war die Anlage betriebsfertig: Das Pfarrhaus hatte ein empfangsbereites Fernsehgerät.

Bevor die Kirchgänger das Gotteshaus verließen, hatte Dr. Wesenberger die gewachsten Bretter untergeschnallt und lief die feiertäglich leere und stille Dorfstraße hinunter, an deren Ende der Aufstieg zur Baude begann.

Der angekündigte Jodler von der Höhe der Baude blieb aus. Als Bernhard Wesenberger oben ankam, hatte er eine zergrübelte Stirn und Augen, die von der prächtigen Aussicht nichts sahen. Das Gesicht wird blind, wenn das innere Auge zu sehr beschäftigt ist.

Bernhard hatte sich ganz der Natur überlassen, sich in ihr »baden« wollen, aber es war ihm nicht gelungen. Schon als er den Fernsehapparat im Pfarrhaus montiert hatte, waren seine Gedanken merkwürdig zähflüssig geworden und hatten um einen sonderbaren Mittelpunkt gekreist: Ob Eveline und Brigitte auch einen Fernsehapparat hatten? Es war ihm vorgekommen, als täte er etwas Unrechtes, dem Bruder das teure Gerät zu schenken. Hatte er nur protzen wollen?

Er hatte sich beeilt, ins Freie zu kommen. Ein frostklarer Tag, ein führiger Schnee – Grund genug für einen Skiläufer, lästige Gedanken abzuschütteln. Er vermochte es nicht. Die Stimmen, die in ihm zu Worte kommen wollten, waren stärker als sein Wille: Das Gespräch mit seinem Bruder ging ihm nach. So hatte seit langem kein Mensch mit ihm gesprochen. Bernhard lehnte sich dagegen auf, nur dass er jetzt dem Bruder nicht entrinnen konnte, indem er ihm das Wort verbot.

Was ging Martin seine Ehe an? Seltsam war jedoch, dass die Worte, mit denen Bernhard Brigitte lächerlich zu machen versucht hatte, wie ein Bumerang zu ihm zurückkamen. Irgendwer legte nun jedes Wort von ihm auf die Goldwaage, und Bernhard entdeckte, dass er sich auf unschöne Weise gerechtfertigt hatte, ohne beschuldigt worden zu sein. Diese Erkenntnis verwirrte ihn. Aber wäre er nicht gereizt worden, so hätte er es nicht getan! Und auf einmal spürte er den Haken im Herzen, der ihn verwundet hatte. Es war Martins Satz: »Manch einer ist längst ein Heide und weiß es nur nicht.« Er hätte darüber lachen sollen, und er hatte sich die Jacke angezogen, weil – weil sie ihm passte. Es stimmte, dass er sich von Bindungen frei gemacht hatte, die für einen Christen bestanden. Er hatte es oft nüchtern festgestellt. Und weshalb fühlte er sich jetzt schmerzlich dadurch getroffen? Konnte er es nicht ertragen, dass es ihm nun auch sein Bruder gesagt hatte?

Mitunter blieb Bernhard mitten im Lauf stehen, der Druck in der Brust wurde zu stark. Er war ein Mensch, der ein Problem zu Ende denken musste.

Er schob seine Empfindlichkeit auf die Atmosphäre des dörflichen Pfarrhauses. Martins Studierstube, das Wohnzimmer mit der Weihnachtskrippe erinnerten ihn an die Kindheit, an den gestrengen Vater. Viele Bilder tauchten in ihm auf, und er musste sie lange betrachten, konnte sie nicht einfach übersehen. In der Krippe die Heilige Familie, die Hirten, Ochs und Eselein – die Mutter hatte die Figuren zusammengetragen. Die Mutter – sie starb viel zu früh. Vielleicht war das die Ursache, dass er so wenig für Mütter empfand. In diesem Augenblick konnte Bernhard Wesenberger nicht den Wunsch unterdrücken, Brigitte mit Eveline vor sich zu sehen. Er gab sich einen Ruck, als seien die Bretter auf der Schneedecke angefroren. Vorwärts! Und verbissen setzte der einsame Skiläufer den Aufstieg fort.

Der Mann, der vor der Baude im Windschatten die Skier abschnallte, war kein Naturberauschter, der jeden Baum als Bruder gern umarmt und der Sonne den güldenen Scheitel geküsst hätte. Er stand eine Weile vor der Glastür der Veranda, als scheue er sich, unter Menschen zu gehen. In der Tiefe duckte sich das Dorf unter dem Schnee, und der Kirchturm ragte wie der kleine Finger einer geballten Hand hervor.

In der Baude wurde Wesenberger mit Hallo begrüßt. Frau Machule, die Schulfreundin seiner Frau, hatte ihn erkannt, als er eben die dunkle Brille eingesteckt hatte.

»Wir haben Sie durchs Fenster beobachtet, wie Sie den Berg stürmten«, sagte Frau Machule, während sie dem Angekommenen die Hand reichte. Sie saß mit ihrem Mann, einem Rechtsanwalt, und den beiden Töchtern an einem runden Tisch neben dem Fenster. »Wir hatten den Eindruck, Sie rennen mit sich selber um die Wette.«

Dr. Machule fügte launig hinzu: »Man soll Haus und Hof vergessen, lieber Doktor, wenn man auf den Brettern steht.«

Es gab viele Fragen, und Bernhard Wesenberger musste angesichts der glücklichen Familie zu vielen Ausreden und Lügen Zuflucht nehmen, da die Wahrheit über seine Ehe nicht bekannt war.

»Zu schade, dass Brigitte nicht mitreisen konnte!«, bedauerte Frau Machule. »Denkt einmal, Kinder, wenn wir uns heute früh in der Christmette begegnet wären!«

Als sie hörte, dass Wesenberger die Mette verschlafen hatte, schilderte sie das Erlebnis des frühen Kirchgangs: das Leuchten der bunten Mettenlaternen auf der Dorfstraße, die kleinen wandelnden Glasfenstern ähnelten. Im Gotteshaus brannten beim Eintritt schon die Weihnachtsbäume. Als die Orgel intonierte, erlosch der messingblanke Kronleuchter, in den Bankreihen glühten die Laternen wie die Herzen der Dörfler. Zum Schluss erwähnte Frau Machule auch die Ergriffenheit des jungen Pfarrers.

»Mein Bruder Martin«, sagte Dr. Wesenberger. Er hatte bisher seine Anwesenheit in dieser abgelegenen Gegend als bloßen Zufall hingestellt.

Diese lapidare Mitteilung machte Dr. Machule und seine Frau hellhörig. Sie glaubten, Wesenberger verberge ihnen etwas. Mit dem Instinkt der Frau erkannte Brigittes Schulfreundin die Situation, und die halben Wahrheiten und ungenauen Auskünfte des Ingenieurs über Frau und Kind kamen ihr auf einmal ins Bewusstsein. Frau Machule war keine Frau, die nun über das heikle Thema mit einer konventionellen Redensart hinweggegangen wäre. Sie wollte versuchen, ihrer Freundin zu helfen.

Ihre Überzeugung war, dass so manche Ehe zerbrach, weil ein Mensch fehlte, der mit einem herzlichen Wort mutig eine Brücke über die Entfremdung zwischen den Ehegatten schlug. Meistens ist es Feigheit und die Angst, es mit einer Seite zu verderben, die den vermittelnden Zuspruch unterlässt. Deshalb sagte Frau Machule jetzt: »Ich sehne mich danach, Brigitte nach Jahr und Tag einmal wieder zu sehen. Sie sind zu beneiden, Doktor, Brigitte zur Frau zu haben, sie besitzt wirklich alles, was einer Ehe Glück und Bestand geben kann. Wenn ich an unsere Schulzeit zurückdenke: Kein Mädchen in unserer Klasse war so beliebt wie sie. Immer war sie fröhlich und trotzdem zurückhaltend. Sie war so vielseitig begabt und dabei doch bescheiden. Weihnachten war immer ihr schönstes Fest. Ich musste heute in der Christmette an sie denken.«

Bernhard saß wie auf glühenden Kohlen.

Frau Machule schien es nicht zu bemerken. Sie fuhr fort:

»Brigitte sah den Menschen bis auf den Grund der Seele. Sie konnte sich so stark in andere einfühlen. Das sah man auch in ihren Gedichten.«

»Eine Dichterin?«, fragten die Kinder aufgeregt.

Die Mutter war über dieses Echo erfreut. »Ja, sie ist wirklich eine Dichterin, Kinder.«

»Ihr Buch ›Sonnen- und Schattenseiten des Lebens‹ hat mir sehr gefallen«, warf Dr. Machule ein. »Hat Ihre Frau wieder etwas Neues geschrieben?«

Dr. Wesenberger machte eine hilflose Geste, er hatte nichts von seiner Frau gelesen.

»Brigitte schreibt auch für den Rundfunk«, wusste Frau Machule noch zu berichten, »und neuerdings soll auch im Fernsehen etwas von ihr gebracht werden.«

»Einen Augenblick!«, rief Dr. Machule und kramte in der Innentasche seiner Jacke. »Ich erinnere mich, den Namen im Programm gelesen zu haben.« Er entfaltete eine Zeitung: »25. Dezember, 15 Uhr: Das Lächeln des Christkindes, Krippenspiel von Brigitte Wesenberger …«

Mit einem Ruck erhob sich Dr. Wesenberger. »Da muss ich schleunigst ins Dorf hinunter. Ich habe nämlich meinem Bruder einen Fernsehapparat mitgebracht.«

Sein hastiger Aufbruch war unter diesen Umständen verständlich. Frau Machule trieb sogar noch zur Eile an. Das Ehepaar und die Kinder begleiteten ihn bis auf die Terrasse und winkten ihm nach, der zu einer halsbrecherischen Abfahrt ansetzte.

Bernhard Wesenberger schoss den Berg hinab. Tiefe Scham brannte in ihm, weil er von Brigitte so wenig wusste, sie ganz aus den Augen verloren hatte.

Eine Fahne von Schnee wirbelte hinter ihm her. Ein Teil der Hänge lag schon im Dunkeln. Bernhard sehnte sich nach dem Licht, das auch im Dunkeln leuchtet. Er fuhr wie einer, der zu spät zu kommen fürchtet. –

Im Wohnzimmer des jungen Pfarrers war der neue Fernsehapparat bereits eingeschaltet, und der Pfarrer saß mit zwei Kirchenältesten und ihren Frauen vor dem Bildschirm. Leise trat Bernhard Wesenberger ein und blieb im Hintergrund stehen, nachdem er seinem Bruder durch Zeichen bedeutet hatte, von seiner Anwesenheit keine Notiz zu nehmen.

Das Spiel hatte gerade begonnen, und Bernhard sah sich Brigitte gegenüber, die ganz schlicht ein paar einleitende Worte sprach. Dann kam das Krippenspiel, das in seiner Einfachheit und seiner natürlichen Sprache zu Herzen gehen musste. Bernhard Wesenberger, versunken in das Sehen und Hören, erschrak, als eins der liebreichen kleinen Kinder, die in die Krippe schauten, in den Mittelpunkt des Bildes trat und mit einem fröhlichen Vierzeiler dem unsichtbaren Christkind sein Herz darbrachte. Sein Töchterchen Eveline stand im Licht, während der Vater sich im Dunkel verbarg.

Zu schnell, viel zu schnell ging das weihnachtliche Spiel zu Ende. Orgelmusik erklang, und die Glocken einer fernen Kirche waren zu hören, als das vertraute Bild von der Herberge der ewigen Liebe erlosch.

Bernhard winkte seinem Bruder, ihm in das Nebenzimmer zu folgen. »Du musst mir verzeihen«, Bernhard atmete schwer, »aber ich muss fort. Wenn ich ohne Aufenthalt fahre, bin ich heute noch bei ihnen.«

Martin sah den Bruder ernst an.

»War es das Spiel?«, fragte er. Allzu leicht verfällt der Mensch einer Rührung, die bald wieder vergeht.

»Nein«, erwiderte Bernhard, »das Bild aus der Ferne war nur die letzte Tür, die aufsprang.«

Martin merkte, wie bewegt der Bruder war. Was hatte in ihm die Sinnesänderung bewirkt? Als Seelsorger hatte er die Erfahrung gemacht, dass nicht mit Händen zu greifen ist, was den Menschen in eine andere Richtung zwingt. Die Hand, die die Weiche stellt, kommt aus einer anderen Welt.

»Die Verwunderung meiner Gemeinde wird nun noch größer sein«, sagte Martin lächelnd, »mein Bruder kommt, mein Bruder geht, und keiner hat ihn richtig gesehen ...«

Bernhard spürte die Herzlichkeit und das Verständnis in dem sanften Vorwurf und erwiderte:

»Einer hat mich richtig gesehen, Martin, und darauf kommt alles an. Sage ihnen nur, das Christkind hätte einen eiligen

Auftrag für mich, einen, der keinen Aufschub duldet. Es ist ja die Wahrheit.«

Hans Zappe

Heidi

Heidi wohnte mit ihren Eltern ganz weit draußen im Walde. Fast eine Stunde vom Dorfe entfernt. Ihr Vater war Förster.

Und nun stellt euch ein Haus vor am Waldrand, mit wildem Wein überwachsen, Geweihe über der Eingangstür und rechts und links von der Gartenpforte eine riesige kerzengerade Blautanne. Zwei muntere Dackel kläfften am Gartenzaun entlang, wenn die Kinder aus dem Dorf in die Beeren oder ins Holz gingen, und auf der Haustürschwelle lag stolz und ruhig Treff, der braune Jagdhund.

Wenn im Sommer die Sonne vom blauen Himmel lachte, ging Heidi oft mit dem Vater in den Wald. Es war so schön, die kleine Hand in Vaters große zu schmiegen. Vater sprach selten. Manchmal sagte er: »Horch nur, wie der Wald rauscht« – oder: »Hörst du den Specht klopfen?«, oder sie setzten sich beide an den Waldrand: »Du musst nun schön still sein, Heidi, die Vöglein wollen dir etwas vorsingen, und die Sonne geht schlafen und will auch noch etwas von dem lieblichen Gesang hören.« Und dann legte Vater seinen Hut neben sich ins Heidekraut, schwieg und guckte in die Sonne, die blutrot und lautlos hinter dem Kirchturm immer tiefer sank.

Im Winter durfte Heidi mit zur Wildfütterung. Das war gar nicht weit, und der Weg bis dahin war mit einem Schneepflug schön glatt gemacht. Herrlich war das, wenn die Rehe herbeikamen! Sie hoben die schlanken Läufe so zierlich, als ob sie den Schnee nicht berühren wollten. Und zuweilen kam auch, stolz und gewichtig, mit breitem Geweih ein starker Hirsch, vor dem man sich ein wenig fürchtete. Es war still im Wald, und auf dem Heimweg tanzten die weißen Flocken lautlos in der Luft und setzten sich auf Heidis Jacke und Nase, so dass der Vater Heidi von allen Seiten abklopfen musste.

Heidi hatte einen langen Schulweg, wie ihr euch denken könnt. Zuallererst hatte die Mutter sie mit dem Fahrrad, im Winter mit dem Schlitten in die Schule gebracht. Später hatte der Vater das Motorrad aus dem Schuppen geholt, und wenn der Schnee wie dicke weiße Watte lag, standen ein Paar Schneeschuhe, an die Hauswand gelehnt, bereit.

Als Heidi neun Jahre alt wurde, durfte sie sich die Kinder ihrer Klasse einladen. Es waren acht an der Zahl. Heidis Geburtstag fiel gerade in die Adventszeit. Es lag dicker Schnee, und Bauer Wenzel spannte den Schlitten an und fuhr die ganze kleine Gesellschaft ins Forsthaus. Das war eine Fahrt voll Lachen und Fröhlichsein, voll Pferdegewieher und Schellengeläut!

Heidis Eltern und Heidi standen in der Haustür, und als der Schlitten durch das große Tor in den Hof gebogen war, schien eine Schar Elstern sich niedergelassen zu haben. Die Dackel sausten herum und bellten wie toll!

Und dann ging es über den weiß gezuckerten Geburtstagskuchen her, und Mutter spielte mit ihnen »Ringlein, Ringlein, du musst wandern« und »Was bringt die Zeitung«, bis sie in den Stall musste, um mit Lene das Vieh zu füttern.

»Setzt euch brav hin und erzählt euch etwas, bis ich wiederkomme«, sagte die Mutter, »dann singen wir Weihnachtslieder.«

Da setzten sich die Kinder wirklich ganz brav hin und fingen an, von Weihnachten zu reden und von ihren Weihnachtswünschen. Sie sangen alle Weihnachtslieder, die sie kannten, bis die Mutter kam und ihnen vom Christkind erzählte, wie es so arm auf die Welt gekommen war, in einer Krippe lag und die Hirten und die Könige herbeieilten und es anbeteten. –

Am nächsten Mittag kam Heidi aufgeregt aus der Schule. »Mutti, Mutti!«, sprudelte sie hervor. »Weißt du, der Franz Hillmann aus der vierten Klasse hat gesagt, das wäre alles dummes Zeug, das mit dem Christkind und dem Weihnachtsmann, und der Bernd Rau hat ganz hässlich gelacht und hat gesagt: ›Mädels, ihr seid alberne Gänse.‹« Heidi glühte vor Empörung. »Mutti, nicht wahr, die Jungen lügen?« Aber ehe die Mutter antworten konnte, ging das Mäulchen schon weiter: »Denk mal, Mutti, die Anna von Klingers ist soooo arm, dass sie nicht mal eine Puppe hat…«

Da fasste die Mutter Heidi bei den Händen und zog sie dicht an sich heran: »Kleine Heidi, da wirst du ihr wohl eine von deinen schenken müssen.«

»Ja«, sagte Heidi, aber es klang nicht sehr froh. »Welche denn, Mutti?«

»Nun iss nur erst«, antwortete die Mutter, »dann kannst du eine aussuchen.«

Das war keine einfache Sache! Ihr hättet Heidi vor ihren Puppen sehen sollen! Sie hatte alle drei auf das Sofa nebeneinander gesetzt. Nein, Hilda wollte sie behalten; die hatte so lange blonde Zöpfe; man konnte sie so schön kämmen. Und Grete? Die hatte Schlafaugen und konnte »Mama« sagen. – Heidi seufzte tief und nahm den Puppenjungen in den Arm. Ach, wenn sie den weggab, konnte sie nicht mehr Hochzeit spielen; dann hatte sie keinen Bräutigam mehr.

Heidi setzte sich auf ihr Fußbänkchen und weinte leise vor sich hin.

So fand sie die Mutter.

»Mutti«, schluchzte sie, »kann ich Anna nicht lieber mein Perlenspiel schenken?«

Die Mutter strich Heidi übers Haar und meinte: »Überleg dir's noch, mein Kind.«

Als Heidi am Abend im Bettchen lag und ihr Abendgebet gesprochen hatte, fragte sie die Mutter: »Hat schon mal jemand das Christkind gesehen, Mutti?« – »Ich glaube wohl«, antwortete die Mutter, »Großmutter sagte immer, wer einmal etwas ganz,

ganz Gutes tut, der sieht es in der Heiligen Nacht.« Heidi lag regungslos in ihrem weißen Bettchen. Dann wendete sie den Kopf zur Wand. »Gute Nacht, Mutti.«

Am Vormittag des Heiligen Abends packte Heidi den Weihnachtskorb für Anna. Sie wickelte das Perlenspiel in schönes Weihnachtspapier. Tannenzweige waren darauf gedruckt, bunte Kugeln und rote Kerzen. Die Mutter hatte Äpfel und Pfefferkuchen, einen schönen warmen Schal, eine Mütze und dicke warme Handschuhe dazugegeben. Von der Puppe wurde nicht gesprochen, von Heidi nicht und nicht von der Mutter.

Aber Heidi war so, als wenn die Mutter irgendwie anders wäre als sonst. Heidi wurde mit dem Packen gar nicht fertig. Mal legte sie das Perlenspiel unten in den Korb und Mütze und Schal und Handschuhe oben drauf; dann wieder legte sie Mutters Geschenke unten hin und das Perlenspiel oben drauf; kurz, als der Nachmittag kam, war sie gerade so fertig geworden.

Der Vater kam schon in seinem dicken Pelz und trieb zur Eile an. Der Schlitten stünde draußen, und es wäre höchste Zeit, wenn man nicht zu spät in die Weihnachtskirche kommen wollte. Er nahm den Korb für Anna und trug ihn zum Schlitten hinaus, während Mutter sich im Flur vor dem Spiegel ein warmes Tuch um den Kopf band.

Heidi stand an der Haustür und zupfte an ihren Handschuhen. Plötzlich lief sie noch einmal die Treppe hinauf in ihr Zimmer.

»Schnell, schnell, Heidi«, rief die Mutter ihr nach, »der Vater wird sonst böse!«

Da polterte Heidi schon wieder die Treppe herunter und trug etwas im Arm, was die Mutter nicht erkennen konnte, weil Heidis Schürze darumgewickelt war. Gleich darauf glitt der Schlitten mit leisem Läuten aus dem Hoftor. Fort ging's an den verschneiten Wiesen und Äckern vorbei, dem Dorfe zu.

Vor Klingers Haus stiegen Mutter und Heidi aus, und dabei klang es plötzlich hell und piepsig »Mama« durch die Schürze.

Mutter drückte Heidis Hand ganz fest und sagte leise: »Mein gutes kleines Mädchen.«

Sie öffneten vorsichtig die Haustür, stellten den Korb in den Hausflur und stiegen schnell wieder in den Schlitten.

Vater knallte mit der Peitsche, die Schellen klingelten, die Pferde schnauften, und nun fingen auch die großen Glocken vom Kirchturm an, dunkel und feierlich zu läuten.

Als Heidi zwischen Vater und Mutter die Kirche betrat, hätte sie am liebsten losgesungen: »O du fröhliche …« Voller Andacht saß sie da, mit gefalteten Händchen, und als der Pfarrer die Geschichte von Christkinds Geburt las, schloss sie die Augen, und ein wunderschönes Lächeln lag auf ihrem Gesichtchen.

»Ich glaube«, meinte Mutter auf dem Rückweg, »unsere Heidi hat heute das Christkind gesehen!«

»Nein«, flüsterte Heidi, »gesehen hab ich's nicht, aber gefühlt, ganz deutlich gefühlt.«

Elisabeth Jachan

Karlchens Weihnachten

Es war einmal ein kleiner Junge von fünfeinhalb Jahren, der hörte auf den Namen »Karl«. Bloß seine Oma, die die Mutter von seinem verstorbenen Muttchen war, die sagte zu ihm »Karlchen«, und das gefiel ihm besser als »Karl«. Aber seine liebe Oma, die bekam er nicht viel zu sehen, denn die wohnte eine kleine Stunde ab im Kirchdorf, und die hatte nur ein ganz kleines Stübchen im Armenhaus.

Karlchens Vater, der hatte ein Grundstück auf einem Abbau, da wirtschaftete er mit seiner neuen Frau – das war nun Karlchens Stiefmutter.

Eines Tages, es war gleich Weihnachten – da kam das Karlchen in die Küche und sah zu beim Wurstmachen.

Seine Stiefmutter, die stand an dem Tisch vor einer großen Schüssel voll Blutwurstteig und füllte mit dem Löffel das rote Zeug durch ein Ende Kuhhorn in die Därme rein.

Die Lina, die hier Dienstmagd war – die hatte alle Darmenden mit dem Band zugebunden und hatte die Würste in langer Reihe auf den Tisch gelegt. Und die dicke Makutsche, die zur Hilfe gekommen war, die hatte in der Holzwanne die Därme gewaschen – einmal mit Schnee, einmal mit Salz und wieder mit Schnee und wieder mit Salz – und hatte sie gedreht und umgekrempelt, dann von allen Seiten besehen und mit einem Handtuch abgetrocknet und schließlich zerschnitten. Und dann hatte die Makutsche nach dem Herd gesehen, wo auf der Platte in dem großen kupfernen Topf die Würste kochten, und hatte ab und an Holz nachgelegt, dass die Flamme ganz rot aus dem Herdloch gesprungen ist.

Das hatte das kleine Karlchen alles gesehen und hatte was wollen zur Lina sagen. Aber dann hatte ihm die Stiefmutter gedroht und hatte geschimpft: »Jung, halt deinen Mund! Wenn du was sagst, dann platzen mir die Würste auf!« Und keiner durfte ein Wort sagen.

Nur wegen der Würste da flüsterten sie sich was zu, und die Bäuerin fuchtelte mit den blutigen Händen durch die Luft, wenn sie was zu befehlen hatte.

Da ging das kleine Karlchen raus aus der Küche und setzte sich in die Stube zum Vater auf die Kachelofenbank.

»Gibt es bald Abendbrot?«, fragte ihn der Vater nach einem Weilchen.

»Nee«, meinte das kleine Karlchen, »die Küche ist ganz voll Wurst! Die haben keine Zeit, für uns zu kochen.«

»Dann wird es wohl heut Abend schon Wurstsuppe mit heißer Leberwurst geben!«, sagte der Vater und griff nach der Mütze.

»Wenn die Mutter fragt, dann sagst du, ich sei gegangen, mir ein Fläschchen Rum holen – die Wurstsuppe schmeckt mit Grog besser!« Indem machte er die Lampe aus und ging.

Das kleine Karlchen wusste, dass, wenn es in der Stube duster war, er dann in die Küche gehen musste. Darum schlich er sich wieder zurück, und der warme Dampf schlug ihm um die Nase, und das roch alles nach Pfefferkraut und Majoran und nach Därmen und Fleisch.

Die Stiefmutter, die vermengte gerade die gequollene Grütze mit Blut zusammen. Und der Ernst, der dem Bauern diente, stand und drehte die Fleischmaschine, damit die Schwarte klein gemacht wurde. Und die große Schüssel mit Fettstückchen zur Sülze stand auch da. Und der kleine Karl durfte nichts sagen und stellte sich bei dem Ernst hin und guckte zu, wie das zermahlene Schwartenfett aus der Fleischmaschine rauskam.

»Jung«, zischelte die Stiefmutter, »kommst mir unter die Füße, geh in die Stube!«

»Da ist es duster«, sagte der kleine Karl ganz leise, dass die Würste nicht sollten aufplatzen.

»Wo ist der Vater?«, fragte die Stiefmutter.

»Der ist in den Krug gegangen, er wollte so gern Grog und Wurstsuppe.«

»Setz dich da in den Winkel auf die Bank und iss!«, befahl die Stiefmutter ihm. »Aber beeil dich, ich brauch den Teller!« Und sie schöpfte ihm einen Löffel voll.

Nun musste der Junge schlucken. Die fette Suppe wollte nicht recht rutschen, aber der kleine Karl nahm sich zusammen; wenn ein Stückchen trockenes Brot dazu gewesen wäre – aber das wagte er nicht zu bitten. Als er nun den leeren Teller wieder zurückgab, da sagte die Bäuerin:

»Nun setz dich hin und spiel.« Und sie nahm sechs Gänsegurgeln, die hingen in dem Schornsteinmantel auf ein Band gezogen und waren schon trocken. Zusammengesteckt waren sie so wie runde Ringe, und Erbsen waren drinnen, dass sie hübsch klapperten. Die warf die Stiefmutter dem Jungen zu, und er setzte sich wieder auf die Bank in der Ecke, und die Katze sprang zu ihm rauf, und er spielte mit der Katze und mit den sechs Gänsegurgeln.

Auf einmal fragte der kleine Karl: »Wozu haben wir eigentlich Weihnachten?«

»Dummdreister Junge!«, schimpfte die Bäuerin. »Wozu wir Weihnachten haben? Na – dass es soll Schweinsbraten geben und Wurst und Sülze und dass wir Fladen backen und Pfefferkuchen, dazu ist Weihnachten!«

Es wurde später und später. Der Sturm heulte im Schornstein und der Schnee machte auf der Scheibe kleine Musterchen.

Und als der kleine Karl eine Stunde oder zwei auf der Bank gesessen hatte, da fiel ihm der Kopf auf eine Seite und ihn überkam der Schlaf. Da nahm ihn die dicke Makutsche und trug ihn in die Stube auf das Bett und bestopfte ihn mit der schweren Zudecke, dass er konnte liegen bleiben und schlafen.

Dem kleinen Karl wurde es immer heißer unter der Zudecke, und auf ihm lag die Katze und bewärmte ihn auch noch. Und der kleine Junge träumte was: Er sah vor sich einen großen dicken Mann, das war der Grützwurstmann. Dieser hatte einen Kopf so groß wie ein Mahlstein; und wo sonst der Hals sitzt, da war das mit Garn abgebunden, und aus den Augen quoll ihm die Grütze raus, und aus dem Munde standen Fettstücke so wie lange weiße Zähne. Und der Leib, Arme, Hände, Beine und Füße, das war alles aus Grützwurst und troff voll Schmalz. Die Glieder, die waren alle abgeschnürt mit Fäden. Dieser gewaltige Kerl kam näher und näher und drohte mit dem Wurstfinger und fiel über den kleinen Jungen und bedrückte ihn, dass er sich erschrak und laut aufschrie!

Zu dieser Zeit war der Bauer nach Haus gekommen, und er saß, als es schon 12 geschlagen hatte, bei Grog und Wurstsuppe. Aber als er seinen Jungen im Bett schreien hörte, da ging er zu ihm, jagte die Katze runter und schlug das Zudeck zurück. Als er nun mit der Hand dem Jungen über den Kopf fuhr, wurde er gewahr, dass der kleine Karl schwitzig war, und sagte zu der Bäuerin:

»Der Jung hat so große Hitze, der Junge ist krank!«

»Was«, schrie die Frau, »wer hat nun die Zeit, Doktor zu spielen – ich nicht! Nun vor Heiligabend, ›bis die Wurst über Seit‹ ist – und dann den Fladen zu backen und die Stube zu scheuern – und was noch alles ist! Hab ich Zeit, nach dem griesen Jungen zu sehen! Schick ihn weg, lass die Großmutter ihn nehmen!«

Und die Frau zog dem armen, verschlafenen und kranken Jungen seine Sonntagskleider an, band ihm ein dickes Tuch über die Mütze, zog ihm die Schuhe über die Füße und befahl dem

Ernst, dass er sollte das Pferd vor den Schlitten spannen. Dann packte sie noch ein paar Pfefferkuchen zusammen: »Dass sie einen nicht bereden!«, und setzte den Jungen in den Schlitten rein. Der Ernst stopfte ihm noch die Pferdedecke um die Füße und setzte sich dicht zu ihm ran, dass er ihn so recht bewärmen konnte.

Dann knallte er mit der Peitsche, und los ging es den schneeigen Weg lang. Die kalten Flocken fielen sacht und weich über sie. Das ganze Land war weiß, und nichts war zu hören, als hin und wieder eine Schlittenglocke, und dass ab und zu ein Hund bellte. Die kalte Luft tat dem kleinen Karl gut. Er munterte sich rasch auf, und als sie durch den Wald kamen, wo die Tannenbäume standen, sagte er zum Ernst:

»Ernst, wann ist Weihnachten?«

»Morgen ist Heiligabend«, sagte der, »und übermorgen ist Erst-Feiertag.«

»Zu was ist eigentlich Weihnachten?«, fragte der kleine Karl.

»Na«, sagte der Ernst, »die Frau sagt ja: zum Fleisch essen.«

»Das ist alles?«, fragte der kleine Karl.

Der Schlitten brachte sie weiter und weiter durch ein langes Dorf durch; da war vor jedem Haus unterm Strohdach in dem Schnee ein großer roter Fleck – das war vom Schweinschlachten. Aber nur vor einer einzigen Tür, da war das nicht – und das war das Häuschen am Ende des Dorfes, dicht am Kirchberg, und das war das Armenhäuschen. Und da hielt nun der Schlitten still, und der Ernst band die Leine am Schwengel an, und er zog den angepummelten kleinen Jungen ins Haus rein. Da war es ganz duster. Aber der Ernst klopfte rechter Hand an die Stubentür.

»Wer ist da?«, schrie die Oma mit ihrer hohen Stimme. »Wer ist's?«

Da setzte der Ernst den Jungen an die Erde und ging zurück zum Pferd. Und der kleine Karl schrie noch höher und juchzte gleich lustig auf: »Oma – ich! Oma – ich!«

»Karlchen, min Jung!«, schrie die Oma und schloss nach einem Weilchen die Tür auf und zog den Jungen rein, herzte und küsste ihn ab. Und die halbe Nacht bis Morgen erzählten sie sich – so viel hatten sie sich zu sagen.

»Karlchen, min Jung«, sagte die Oma, »das sind nun schöne Weihnachten für mich! Und wenn ich auch nicht ein fettes Schwein zum Schlachten gehabt habe, das schadet nuscht nichts. Die Frau Pfarrer hat mir 12 rote Äpfel geschenkt, und die Frau Kantor brachte mir gestern einen langen Stremel Fladen. Das ist genug für dich und für mich, Karlchen, mein lieber Jung!«

Und vormittags, wie die Oma in ihrem kleinen Stübchen rumkraxelte, da lag der Junge in einem guten gesunden Schlaf; und die Oma ging alle Weilchen einmal an das große Himmelbett ran und schlug ganz sachte die gewürfelte Gardine zurück und betrachtete sich den Jungen. Und dann sah sie in Gedanken in das Gesicht von ihrer Tochter, die das Muttchen vom kleinen Karl gewesen war! Aber sie ließ den Jungen nun noch schlafen und drusseln.

Nicht weit vom Kirchberg, da fing der Wald an, und der Förster war ein freundlicher Mann; zu ihm ging sie, und er schenkte ihr ein kleines Tannenbäumchen, und die Frau Förster gab ihr ein paar bunte Lichterlein und eine Tüte voll Pfeffernüsse dazu, denn sie wusste, dass das alte Frauchen im Armenhaus wohnte.

Zu Hause putzte sie das Bäumchen aus, hing alles, was sie hatte, dran, und der kurze Tag ging rasch vorbei.

Und wie das Sonnchen überm Schnee unterging, da nahm die Oma die Heilige Schrift und setzte sich die Brille auf und fing am Fenster an zu lesen.

Mit einem Mal juchzte was in ihrem großen Himmelbett, und die Gardinen flogen auseinander: »Oma, min Oma!«, schrie der kleine Junge und hatte ganz klare ausgeschlafene Augen.

»Karlchen, min Jung!«, sagte die Oma, und die klaren Tränen rollten ihr vor Freude von der Wange runter. Und sie wusch ihn, zog ihn an und gab ihm Kaffee und Fladen.

»Ach, Oma«, sagte Karlchen, »das gefällt mir, dass ich hier nicht brauche Wurst zu essen, ich kann denen ihre Würste nicht mehr sehen – mir graut davor! Sag mal, Omachen, zu was ist bei dir Weihnachten?«

»Wirst sehen, min Jung!«, sagte sie. Da fingen die Glocken draußen an zu läuten. Und die Oma zog dem Jungen Handschuhe an und setzte ihm die Mütze auf und nahm ihn an die Hand und ging mit ihm in die Kirche.

Der kleine Karl hatte noch keinmal eine Kirche von innen gesehen. Da standen zwei große helle Weihnachtsbäume zu beiden Seiten vor dem Altar, und die Orgel spielte, und die Schulkinder sangen:

»Ihr Kinderlein, kommet, o kommet doch all, zur Krippe her kommet in Bethlehems Stall, und seht, was in dieser hochheiligen Nacht der Vater im Himmel für Freude uns macht. O beugt wie die Hirten anbetend die Knie, erhebet die Händchen und danket wie sie; stimmt freudig, ihr Kinder, wer wollt sich nicht freun? Stimmt freudig zum Jubel der Engel mit ein.«

Und die ganze Kirche war voll von Menschen aus allen Dörfern in der Runde. Bloß dem kleinen Karl sein Vater mit seiner Frau, die waren nicht da, denn die feierten Weihnachten auf eigene Art.

Erminia von Olfers-Patocki

Dreißig Engel

Wir haben Dezember 1947, und wir – mein Mann und ich – leben in einem großen holsteinischen Gutshaus zusammen mit 165 Vertriebenen, überwiegend Pommern, einigen Memellandern, einigen Schlesiern.

Eben ist der Postbote da gewesen. Ein Brief von guten pommerschen Freunden: »Wie wehmütig mag diese Advents- und Weihnachtszeit auch bei euch sein! Bilder der Heimat, Bilder der Kindheit bedrängen uns. Der Zauber eures Deeper Hauses, das Rauschen der Ostsee, das silberweiße Leuchten der beschneiten Kiefern, das alles füllt dir gewiss Auge und Ohr. Diese Wochen sind für uns Heimatlose eben doch die allerschwersten im Jahr.« Ich lese die Zeilen und schüttle den Kopf. Gewiss, liebe Maria, du hast natürlich sehr recht, nur soeben gerade bei mir – bei uns – heute nicht! Denn du hast keine Ahnung, wie dreißig Weihnachtsengel imstande sind, jede – aber auch jede – besinnliche Wehmut zu vertreiben. Natürlich – schon klopft es wieder.

»Frau von Jaudecker, meine Mutti lässt fragen, wo mein Engelkleid is und was ich auf den Kopp tun soll? Und Lieschen sagt, die Engels haben zumeist Flügel.«

Ich lege Marias Brief beiseite und höre meinen Mann hinter seiner Zeitung schadenfroh lachen.

»Da hast du dir was Schönes eingebrockt!«

Und er hat recht! Aber »was Schönes« blieb es trotzdem. Es kam nämlich so: Die 42 Familien im Hause, zu denen siebzig Kinder gehörten, waren, genau wie wir selbst, alle in Gefahr, voller Wehmut und Bitterkeit in die kommende Weihnachtszeit zu gehen. Zur Kirche waren es zwei Stunden Wegs, am Ort selbst war nur selten Gottesdienst. Eine innere Erquickung tat uns allen sehr not. In meinem sonntäglichen Kindergottesdienst lernte ich die reichlich wilde Schar gut kennen. Bei den schlimmen

Raumverhältnissen, den meist fehlenden Vätern und übermüdeten Müttern war ein Verwildern wahrhaftig kein Wunder. So entstand denn mein Beschluss, eine Adventsfeier zu wagen und außerdem für den Heiligen Abend eine Andacht mit Weihnachtsbaum, Transparenten und Gesang vorzubereiten. Vielleicht gelang es auf diese Weise, die Nebelwand dumpfen Heimwehs etwas aufzuhellen. So ging ich denn ans Werk.

Aber – möchten Sie es wohl auf sich nehmen, unter siebzig Kindern – im Angesicht ihrer vierzig Mütter – mutig auszuwählen, »wer nun drankommt«? Ohne eine Saalschlacht mit furchtbarem Ausgang war das kaum denkbar. Bei näherer Betrachtung kamen mindestens dreißig kleine Mädchen in Frage. Die Jungen waren nicht so in der Überzahl, teils zu groß, teils noch zu klein. Die Menge der Hirten durfte, wenn auch für ein kleines Dorf wie Bethlehem erstaunlich zahlreich, doch in erträglichen Grenzen bleiben. Graue Wolldecken, als Woilachs zu bezeichnen, wie sie auf jedem Bett des Hauses lagen, galten als nächtliche Mäntel für die Hirten. Die nötigen Hirtenstäbe oder Knüppel stellten sich bestimmt ohne mein Zutun ein. Woher, fragte man besser nicht.

Aber nun die Engel! In Bezug auf ihre Anzahl hatte ich in jeder Hinsicht freie Bahn. Es ist ja von der »Menge der himmlischen Heerscharen« die Rede. Darum besser dreißig Engel herbeigerufen als Zwietracht zwischen innig befreundeten Müttern und bisher neidlos kameradschaftlichen Kindern säen. So ging ich an die Arbeit. Kaum eines der kleinen Mädels, im Alter von 4 bis 14 Jahren, besaß ein weißes Kleidchen. Aber selbstverständlich wollte jedes traumhaft schön zu uns armen Erdenmenschen herniederschweben. Denn:

Vom Himmel hoch, da komm ich her.

Anders als in schimmerndem Weiß ist kein Engel denkbar. Ohne reichlich auf Haar und Gewand ausgestreute Silbersterne ebenfalls nicht. Also! Nie werde ich die mich Tag und Nacht jagenden Kostümnöte vergessen. Kein Wilddieb kann verschlagener seine Beute beschleichen wie ich jeden Besitzer von weißen Blusen, entbehrlichen Bettlaken, Decken oder Servietten. Und natürlich vor allem: Her mit den Nachthemden! Egal, ob männlich oder weiblich. Wirklich, ich hatte mir »etwas Schönes« eingebrockt. Meines Mannes lächelnde Geduld war heldenhaft zu nennen. Keine zehn Minuten stand unsere Zimmertür still.

»Meine Mutti sagt, mich passt dat Hemd aber jarnich, dat is mich viel zu kurz.«

»Frau von Jaudecker, soll ich mit'n Zopp kommen oder aufjemacht?«

»Lene hat all sechs Sterne und ich man bloß zwei. Wat nu?«

»Ja, wat nu?«, das konnte auch ich sagen. Brandbriefe gingen ab an Hamburger Freunde: »Bitte, bitte Silberpappe, Goldpapier, Bänder, Sternchen.« –

Kein englischer Modesalon vor Königin Elisabeths Krönung kann solche Angstqualen, Hoffnungen, Aufregungen und Anproben durchgemacht haben wie mein kleines Zimmerchen, das dreißig Engel unentwegt stürmten. Aber mir wurde Beistand zuteil. Päckchen mit Silberpapier, Bändern und Weihnachtssternen beglückten mein Herz. Geschickte Mütter brachten aus großen Servietten oder Windeln, aus Nachtjacken oder Unterhemden, Tischdecken und Handtüchern Gewänder zustande, die für unsere Begriffe – Weihnachten 1947 – geradezu zauberhaft waren. Ach, und diese Seligkeit all der eitlen kleinen Mädchen, wenn die aufgelösten, kräftig gebürsteten Haare mit einem Reif aus Silberpappe gekrönt wurden, wenn ein Goldgürtel den Übergang von einer alten Bluse zu zwei aneinander gehefteten Servietten freundlich verdeckte. An diesem Abend des ersten Advents kann ich mir kaum vorstellen, dass irgendjemand im Bereich meiner Bitten noch mit einem brauchbaren Nachthemd zu Bette ging. An allen Ecken und Enden unseres großen Hauses wurde gelernt, geprobt, gesungen! Die alten Lieder, die ewig schönen Verheißungen, alles umgab uns in unzerstörbarer Herrlichkeit.

Und dann kam der ersehnte Abend! Vollgestopft war der große Saal mit Flüchtlingen und Einheimischen. Die wenigen Väter und die vielen Mütter, voll eines herzbewegenden Stolzes, dass heute einmal ihre Kinder – die vielen bedrohlich bewaffneten Hirten nicht zu vergessen – im Mittelpunkt standen. Nicht nur als Fremde mit leeren Händen, nein, heute waren sie es, die uns allen zusingen durften:

Der guten Mär bring ich so viel,
davon ich singen und sagen will.

Ich fürchte, ich habe bei dieser Feier doch etwas weinen müssen, aber nicht aus bohrendem Heimweh, sondern aus seliger Freude, dreißig leuchtende, rotbackige Engelchen vor mir zu sehen. In einem unvergesslich lichten Halbkreis standen sie da, besternt und bekränzt in Silber und Gold. Nirgends ein »Zopp«, nur aufgelöste, überraschend liebliche Haarwellen und alle miteinander tatsächlich in einem leuchtenden Weiß. Wie treu sagten und sangen sie alles Gelernte. Die unter ihren grauen Decken etwas räuberisch anmutenden Hirten stampften herausfordernd mit ihren geklauten Wanderstäben auf den Fußboden und sangen brav und hell:

O beugt wie die Hirten anbetend die Knie,
erhebet die Händlein und danket wie sie.
Stimmt freudig, ihr Kinder,
wer sollt sich nicht freun,
stimmt freudig zum Jubel der Engel mit ein.

Und die dreißig Engel jubelten mit, und die Mütter, denen freilich manche Träne doch über das müde Gesicht rollte, stimmten auch ein, denn wer, in aller Welt, sollte wohl dreißig weiß schimmernden Engeln widerstehen? Neben mir hörte ich tief und andächtig die Stimme meines Mannes. Galt unserm schmerzlich beschatteten Schicksalsweg nicht heute noch ganz besonders die ewig tröstliche Botschaft »Fürchtet euch nicht«?

So wendeten wir denn unsere bedrückten Herzen der großen Freude zu, die Hirten und Engel uns verkündeten, und wir alle miteinander, Vertriebene und Einheimische, waren an der Krippe daheim. Unvergesslich schöner Abend, wie deutlich bist du heute wieder vor mir aufgestiegen.

Was es aber dann in den nächsten Tagen an unbeschreiblicher Aufregung, komischer Verwechslung, Gesuche und Gerenne gab, bis all die dreißig Engelsgewänder wieder in die Hände ihrer Eigentümer zurückkehrten, das zu beschreiben, ist meine Feder ohnmächtig. Jedenfalls atmete mein Mann hörbar auf, als auch dies überstanden war und er nicht nur wieder ein eigenes Nachthemd besaß, sondern auch unsere Tür in den Ruhestand trat.

Er meinte mit Recht, sich in diesen Wochen wenn auch kein Engelsgewand, so doch eine Engelsgeduld erworben zu haben.

Das liegt nun viele Jahre zurück, und aus den dreißig überwiegend pommerschen Engeln werden unterdessen große Mädchen, vielleicht auch schon Frauen und Mütter geworden sein. Möchte über ihren Weg auch heute wieder die große Freude aufleuchten, die sie uns damals verkündeten und die uns allen am Heiligen Abend entgegenstrahlt.

Rita von Gaudecker

Die gestohlene Weihnachtsgans

Diese Geschichte ist wahr. Sie hat sich vor wenigen Jahren in einer größeren Stadt in Norddeutschland zugetragen. Ein guter Freund der Familie hat sie mir erzählt, ich habe nur die Namen geändert.

Es war gegen Mittag des 24. Dezember. In den Geschäftsstraßen drängten sich die Leute mit Paketen und Taschen, und die Autofahrer suchten vergeblich nach Parkplätzen.

Im Wohnzimmer der Familie Weißenborn stand die Mutter vor einer makellos gewachsenen Kiefer und steckte Wachskerzen auf die Zweige, hängte Kugeln und Sterne daran. Renate, die zwölfjährige Tochter, saß im Nebenzimmer mit ihrem Bruder Klaus. Sie hörten Weihnachtslieder aus dem Radio und packten dabei ihre Geschenke ein. Rotes und grünes Seidenpapier wurde mit ausgeschnittenen Sternen beklebt. An die Tür hatten sie einen Zettel geheftet: Eintritt verboten.

Vater Weißenborn war nicht zu Hause. Mit seinem blauen Volkswagen war er vor einer halben Stunde weggefahren, um bei Verwandten und Freunden die kleinen Geschenke abzugeben, die Frau Marianne hergerichtet hatte. Sonst fuhren Renate und Klaus meistens mit, aber heute hatten sie erklärt: »Wir haben noch zu tun.«

Gerade wollte Frau Weißenborn noch einmal die Klappleiter besteigen, weil der Rauschgoldengel auf der Spitze des Baumes das Gleichgewicht verloren hatte und dem Beschauer die Rückseite zukehrte, als ihr einfiel: Ich muss rechtzeitig die Weihnachtsgans auftauen, so ein großes Tier braucht dazu lange. Am besten, ich mache es gleich, dachte sie, verließ das Wohnzimmer und eilte hinunter in den Keller, wo die Kühltruhe ihren Platz hatte.

Sie öffnete den Deckel und wollte mit sicherem Griff den Weihnachtsbraten herausnehmen, als sie stutzte: Die Gans war

202

weg. Gleich vorne rechts musste sie liegen, sie entsann sich genau, dass sie das Prachtstück dort eingebettet hatte – aber der Platz war leer. Unerklärlich! Sie fing an zu suchen, packte den ganzen Truheninhalt aus, so ein großes Paket war schließlich nicht zu übersehen. Doch die Weihnachtsgans blieb verschwunden.

Hastig räumte Frau Weißenborn das Frostgut wieder ein und stieg die Treppe hinauf in die Wohnung. Sie wollte in der Küche nachsehen. Vielleicht hatte ihr Mann oder eines der Kinder sie bereits dorthin gelegt? Zwar wäre das ganz gegen ihre Gewohnheit, denn sonst kümmerte sich keiner von ihnen ums Essen. Doch diese Hoffnung erwies sich als trügerisch.

Nun wollte Frau Weißenborn die Kinder fragen. Ohne das Warnschild zu beachten, platzte sie bei ihnen herein.

Lautes Protestgeschrei klang ihr entgegen: »Kannst du nicht lesen?« Ein Kissen wurde schnell auf die Geschenke gedeckt, ehe die Kinder für die Mutter ein Ohr hatten. Auf ihre Fragen antworteten sie mit erstauntem Achselzucken: »Die Gans gesehen? Wir – nee! Rausgenommen? – Wie kommst du denn darauf?« Sie hatten wirklich keine Ahnung, wo die Gans geblieben war.

»Es ist mir ein Rätsel«, meinte Frau Weißenborn kopfschüttelnd. »Wer stiehlt eine Gans und nimmt sonst nichts mit? Außerdem war die Kellertür fest verschlossen.« Das hatte sie gleich geprüft, obwohl der Verstand ihr sagte, dass es eigentlich unsinnig sei. Aber schließlich konnte sich eine Gans nicht in Luft auflösen. Sie begann, an den unmöglichsten Orten zu suchen.

»Vielleicht hast du sie im Laden liegen lassen?«, fragte Renate und fügte nachsichtig hinzu: »Vor Weihnachten hat man den Kopf so voll.«

Doch da protestierte die Mutter energisch: »Hältst du mich für verrückt? Ich weiß, was für ein Gewicht ich heimgeschleppt habe, das kannst du mir glauben.«

Zur selben Zeit hüpften fünf schwarzlockige Kinder um eben diesen Vogel herum und klatschten Beifall. Die Weihnachtsgans lag auf dem Küchentisch einer Vorstadtbaracke, und der Herr mit dem langen angeklebten Bart verstand kein Wort von dem überschwänglichen Geplapper. Aber die strahlenden Kinderaugen und die vorsichtige Freude in den Gesichtern der versammelten Erwachsenen sprachen für sich.

Befriedigt lächelte Herr Weißenborn; und dann hätte er fast laut herausgelacht, als sein Blick zufällig in den rahmenlosen Spiegel zwischen den Fenstern fiel. Darin erblickte er einen wunderlichen Weihnachtsmann in kurzem, braun kariertem Automantel, jedoch mit weißem Vollbart und Goldpapiermütze, die er im Vorbeifahren bei Karstadt erstanden hatte. Wenn mich jetzt meine Kinder sähen, dachte er.

Vor ein paar Wochen war Herr Weißenborn zum ersten Mal in dieser Baracke gewesen. Einer von diesen Knirpsen hier wäre ihm auf der Heimfahrt vom Dienst ums Haar in sein Auto gelaufen; da hatte er ihn in den Wagen verfrachtet und nach Hause gefahren. Damals fiel ihm die Armseligkeit der Einrichtung auf, und ein paar Wochen später lud er einen Korb mit getragener Kinderwäsche ab, und auch das Kaffeeservice von Tante Lina, das seither geehrt, aber überflüssig im Schrank stand, fand hier willkommene Verwendung.

Als er nun heute seine Weihnachtsrunde antrat, fielen Herrn Weißenborn plötzlich seine kleinen Barackenfreunde ein. Dass er sie vergessen und kein Geschenk für sie hatte, ärgerte ihn. Aber dann schoss ihm blitzartig die Weihnachtsgans durch den Kopf. Kurz entschlossen ging er aus der Garage in den Keller, fand die Gans oben rechts in der Kühltruhe und verstaute sie im Kofferraum. Seine Frau würde ihn verstehen, dessen war Herr Weißenborn sich sicher.

Sofort nach der Rückkehr wollte er ihr Bescheid sagen, jetzt drängte die Zeit. Der Gedanke, seine Ehehälfte könnte wegen der Gans das ganze Haus auf den Kopf stellen, kam ihm nicht.

»Ob Sie's glauben oder nicht«, beendete schmunzelnd mein Gewährsmann seine Erzählung, »Frau Weißenborn hat Tränen gelacht, als ihr Mann seinen Diebstahl beichtete.«

Christa Schlüter

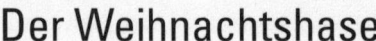

Der Weihnachtshase

Es muss gleich gesagt werden, dass diese kleine Geschichte auf Wahrheit beruht, denn sie stand im Kirchenbuch von Glowitz im Kreise Stolp. Vor zweihundert Jahren hat sie der damalige Pastor niedergeschrieben, der ein sehr selbstkritischer und humorvoller Mann gewesen sein muss, sonst hätte er sie wohl kaum zu Papier gebracht. Oder war er nur schadenfroh darüber, dass er als Sieger aus der Affäre hervorging, oder war er gar eitel, weil der König für ihn entschieden hatte? Urteilt selbst, liebe Leute, wenn ihr die ganze Geschichte vernommen habt. Hier ist sie:

An einem Heiligen Abend vor über zweihundert Jahren ging der Glowitzer Pastor etwas missmutig zu seiner Weihnachtspredigt. Zum ersten Mal hatten die Bauern seines Kirchspiels vergessen, dass auch ein Geistlicher zu Weihnachten ein festliches Mahl schätzt, denn es war kein knuspriges Hähnchen und kein leckeres Schweinerippchen im Pfarrhaus abgegeben worden. Doch der Pastor bezwang seine irdischen Gelüste und hatte sie in der Kirche auch sofort vergessen. Er dachte nur noch an seine Predigt und verkündigte seinen Pfarrkindern die Frohe Botschaft von der Geburt Christi.

Nach dem Gottesdienst schritt er zufrieden mit sich selbst über den Friedhof und bereute noch einmal seine weltlichen Gedanken von vorhin über das Weihnachtsessen. Doch – als hätte er damit einen Gotteslohn herausgefordert – sprang plötzlich vor ihm ein Hase hinter einem Grabkreuz hervor, der vor Angst nicht wusste, wo er hinlaufen sollte. Der junge Pastor aber erfasste sofort die Situation und erkannte die günstige Gelegenheit: Er nahm seine schwere Bibel, die mit Eisen beschlagen war, und warf sie dem Hasen an den Kopf. Das Tier fiel um, blutete aus und war tot.

Keiner war glücklicher als der Pastor, denn nun brauchte er sich nicht weiter um einen Weihnachtsbraten zu sorgen, er war ihm direkt vor die Füße gelaufen. Damit die Leute im Dorf aber nicht darüber reden sollten, versteckte er seine Jagdbeute rasch unter seinem Talar und eilte damit nach Hause.

Doch der Duft von dem Hasenbraten muss den Nachbarn in die Nase gestiegen sein. Denn bald wusste man, woher der Hase stammte und wie er »erlegt« worden war. Die Geschichte wurde im Dorf natürlich sehr belacht.

Nur einer lachte nicht, das war der Gutsbesitzer, Herr von Puttkammer, dem die Jagd und somit alles Wild gehörte. Da er dem Pastor sowieso nicht wohlgesonnen war, glaubte er nun eine gute Gelegenheit zu haben, um dem Gottesmann eins auszuwischen. So ging er zum Gericht und verklagte ihn. So eine seltsame Gerichtsverhandlung hatte es in Stolp noch nicht gegeben, und sie war wohl auch einmalig in der Geschichte der Jurisprudenz. Was ein Wunder, dass man zu keinem Resultat kam und der Fall dem König vorgetragen werden musste.

Der Alte Fritz war Kummer gewohnt, und absonderliche Fälle waren seine Spezialität, seine berühmten Randnotizen geben davon Zeugnis genug. So entschied er, nicht ohne Ironie: »Alle Hasen, die der Glowitzer Pastor mit der Bibel totschlägt, gehören ihm allein zu Eigen!«

Klaus Granzow

Das Wunder von Striegeldorf

Vieles hat sich unter Weihnachten in Masuren ereignet, weniges aber kommt an Merkwürdigkeit jenem Vorfall gleich, den mein Großonkel, ein sonderbarer Mensch mit Namen Matuschitz, auslöste. Ich möchte davon erzählen, auf jede Gefahr hin.

Heinrich Matuschitz, ein fingerfertiger Besenbinder, hatte sich an einem fremden Motorrad vergangen und war für wert befunden, einzusitzen für ein halbes Jahr. Er saß zusammen mit einem finsteren Menschen namens Mulz, der ein alter Forstgehilfe war und dem die Wilddiebe, hole sie der Teufel, zwei Frauen nacheinander von der ehelichen Seite fortgefrevelt hatten, woraufhin Otto Mulz, in gewalttätigem Kummer, den ganzen Striegeldorfer Forst anzündete.

Gut. Die Herren leisteten sich rechtschaffen Gesellschaft in ihrer Zelle, beobachteten die berühmten Striegeldorfer Sonnenuntergänge, plauderten aus ihrem Leben, und derweil taten Wochen und Monate das, wovon sie, scheint's, niemand abbringen kann; sie strichen ins Land. Rückten vor, diese Monate, bis zum Dezember, brachten Schnee mit, brachten Frost, bewirkten, dass das schmucklose Gefängnis geheizt wurde, taten so, was man von ihnen erwartet. Insbesondere aber brachten sie näher gewisse Termine, und mit den niederen Terminen auch den Obertermin sozusagen: den Heiligen Abend nämlich.

Nun fällt es einem Masuren schon schwer genug, auf die Annehmlichkeiten der Freiheit im Allgemeinen zu verzichten, furchtbar aber wird es, wenn man ihn zu solchem Verzicht auch am Heiligen Abend zwingt. Demgemäß wandte sich Heinrich Matuschitz, mein Großonkelchen, an seinen Zellenbruder, sprach ungefähr so: »Der Schnee, Otto Mulz«, so sprach er, »kündigt liebliches Ereignis an. Nimmt man den Frost noch hinzu und das

Gefühl im Innern, so muss der Heilige Abend nicht weit sein. Habe ich richtig gesprochen?«

»Richtig«, sagte der alte Forstgehilfe.

»Also«, stellte mein Großonkelchen befriedigt fest. Dann starrte er hinaus in den wirbelnden Flockenfall, sann, während er sich am Gitter festhielt, ein Weilchen nach, und nachdem ein neuer Gedanke ersonnen war, sprach er folgendermaßen:

»Das Ereignis«, so sprach er, »das liebliche, es steht bevor. Jedes Wesen in Striegeldorf und Umgebung ist angehalten, sich zu freuen. Die Menschen sind angehalten, die Hasen, die Eichhörnchen, und schon gar nicht zu reden von den Kindern. Nur wir, Otto Mulz, sollen gebracht werden um unsere Freude. Weil sich aber jedes Wesen zu freuen hat an diesem Termin, müssen wir ersinnen einen Ausweg.«

»Man will uns«, sagte der alte Forstgehilfe, »die Freude stehlen.«

»Eben«, sagte Heinrich Matuschitz, mein Großonkelchen. »Aber wir werden uns, bevor es dazu kommt, die Freude besorgen, und zwar da, wo sie allein zu finden ist: in der Freiheit. Wir werden uns zum Heiligen Abend beurlauben.«

»Das ist, wie die Dinge liegen, gut gesagt«, sprach Mulz. »Nur wird der alte Schneppat uns nicht bewilligen solchen Urlaub zur Freude. Unter den Aufsehern, die ich kenne, ist Schneppat der schlimmste. Man wird uns, schlickerdischlacker, gleich wieder schnappen, zumal durch meine persönliche Feuersbrunst verlorengegangen sind die schönsten Verstecke im Walde.« Bei diesen Worten wies er mit ordentlicher Bekümmerung auf die traurigen Baumstümpfe, die vom Striegeldorfer Forst nachgeblieben waren. Das Großonkelchen indes gnidderte, das heißt lachte versteckt, legte dem Otto Mulz einen Arm um die Schulter, winkte sich sein Ohr ganz nahe heran und sprach:

»Uns wird«, so sprach er, »überhaupt niemand vermissen, kein Schneppat und niemand. Denn wir werden zurücklassen unser Ebenbild. Wir werden hier sein und nicht hier.«

Was Otto Mulz dazu brachte, mein Großonkelchen zuerst erstaunt, dann misstrauisch und schließlich mitfühlend anzusehen und nach einer Weile zu sagen:

»Manch einen, Heinrich Matuschitz, hat große Freude schon blöde gemacht. Denn erkläre mir, bitte schön, wie ein Mensch gleichzeitig sein kann bei dem lieblichen Ereignis in der Freiheit und hier in der Zelle.«

Obwohl diese Worte, man wird es zugeben, nicht unbedingt höflich waren, verlor das Großonkelchen weder Faden noch Geduld, sondern begann mit listigem Lächeln zu flüstern, und zwar flüsterte er dermaßen vorsichtig, dass nicht einmal etwas für diese Erzählung erlauscht werden konnte. Sicher ist nur, dass er dabei den Otto Mulz – sei es überredete, sei es überflüsterte, denn das finstere Gesicht des alten Forstgehilfen hellte sich auf, spiegelte Teilnahme, spiegelte Begeisterung, und zuletzt spiegelte es – na sagen wir: Verklärung.

Und dann begab sich Folgendes: Heinrich Matuschitz, mein Großonkelchen, aß kein Brot mehr – ebenso wenig aß es sein Zellenbruder; jede Ration wurde unter dem Bett versteckt, wurde gestreichelt und gehütet, während das liebliche Ereignis unaufhaltsam heraufzog.

Die einsitzenden Herren wurden, je näher das Ereignis kam, unruhiger, gespannter und flattriger, man plauderte nicht mehr aus dem Leben, fand keine Zeit zu müßiger Beobachtung; alles an ihnen war nur noch eingestellt in Richtung auf das Kommende und auf das, was zwischen ihnen geflüstert war.

Und eines Morgens, nachdem der Frost sie muntergekniffen hatte, erhob sich Heinrich Matuschitz und gab preis, was er so sorgfältig auch vor uns verborgen gehalten hatte; fingerfertig wie mein Großonkelchen war, zog er das gesparte Brot unter dem Bett hervor, benetzte es auskömmlich und begann, weiß der Kuckuck, aus dem weichen Brot den Kopf des alten Forstgehilfen zu kneten. Walkte und knetete mit einem Geschick, dass sich dem Otto Mulz die Sprache versagte, zog eine Nase aus, das Großonkelchen, klatschte eine Stirn zurecht, schnitt zwei Lippen in den Teig und alles haargenau nach dem Original des Forstgehilfen. Lachte dabei und sprach:

»Der wird«, sprach er, »Otto Mulz, genau wie du. Hoffentlich steckt er nur keinen Forst an.«

»Mir wird es«, sprach Mulz, »unheimlich zumute. Obwohl ich weiß, Heinrich Matuschitz, dass du manches kannst schnitzen mit deinem Messer, wusste ich doch nicht, dass du einen Striegeldorfer formen kannst nach seinem Ebenbild.«

Dann sah er atemlos zu, wie Ohr und Kinn entstanden, und zuletzt hielt er zitternd still, als ihm das Großonkelchen ein paar Haare absäbelte und sie an den Brotkopf klebte.

»Pschakret«, sagte der Forstgehilfe, »wenn ich schon früher so doppelt gewesen wäre, dann hätte einer von mir zu Hause bleiben können: die Wilddiebe hätten sich nicht rangetraut, die Frau wär mir geblieben, ich hätte den Forst nicht angezündet und brauchte hier nicht zu sitzen. Wenn ich, pschakret, das alles gewusst hätte.«

Nachdem der Kopf des Forstgehilfen fertig war, fabrizierte mein Großonkelchen sich selbst, und weil das Brot nicht reichte, nahm er zur Ausbildung des Hinterkopfes einige Pfefferkuchen, die ihnen, da das liebliche Ereignis unmittelbar bevorstand, hereingeschoben worden waren.

Kaum war er fertig damit, als die Klappe in der Tür fiel und Schneppat, der kurzatmige Aufseher, hereinschaute zum Zweck der Kontrolle. Er schaute wichtigtuerisch, dieser Mensch, und zum Schluss fragte er in seiner höhnischen Besorgtheit: »Na«, fragte er, »was wünschen sich die Herren zum Heiligen Abend?«

»Schlummer«, sagte mein Großonkelchen prompt. »Wir möchten bitten das Gesetz um langen, ungestörten Festtagsschlummer.«

»Könnt ihr haben«, sagte Schneppat. »Aber da ich nicht hier bin, werd' ich es Baginski sagen, dem Aufseher aus Sybba. Er löst mich ab für zwei Tage. Wer schlummert, sündigt nicht.« Damit ließ er die Klappe herunter und empfahl sich.

Seine Schritte waren noch nicht verklungen, als Heinrich Matuschitz die Brotköpfe hervorholte, sie auf die Pritsche legte, die Decken kunstgerecht hochzog und überhaupt einen unwiderlegbaren Eindruck hervorrief von zwei Herren im Festtagsschlummer. Wehmütig standen sie vor ihren Ebenbildern, ergriffen sogar, und dann sagte das Großonkelchen zu seiner Büste:

»Ich grüße dich«, sagte er, »Heinrich Matuschitz auf der Pritsche. Gott segne deinen Schlummer.«

Etwas Ähnliches sprach auch der alte Forstgehilfe, und nachdem sie Abschied genommen hatten von sich selbst, hoben sie das Gitter ab und verschwanden durchs Fenster in Richtung auf das liebliche Ereignis.

Dies Ereignis: Es wurde angesungen von den Zöglingen der Striegeldorfer Schule, wurde von Glöckchen verkündet, vom Geruch gebratener Gänse, und ehedem hatte sich an der Verkündung auch der Wind im Striegeldorfer Forst beteiligt.

Mein Großonkelchen und Otto Mulz, sie gingen mit sich zu Rate, wie sie das liebliche Ereignis ihrerseits am besten verkünden könnten, und nach schwerer Grübelarbeit beschlossen sie, es durch Gesang zu tun, mit den Zöglingen der Striegeldorfer Schule. Während des Gesanges schon wurden sie teilhaftig der Freude, obwohl die Oberlehrerin Klimschat, die das Singen befehligte, Mühe hatte, die Herren einzustimmen, bei jedem Mal, da sie die Stimmgabel anschlug, lauschte sie verwundert und sprach: »Mir kollert ein Tönchen nach dem anderen von der Gabel runter.«

Na, aber da sie von mitfühlendem Wesen war, ließ sie die Herren singen, und nach dem Gesang gingen diese zu meinem Großonkelchen nach Hause, wo neue Freude bezogen wurde aus gebratenem Speck, aus geräuchertem Aal und, natürlich, aus dem lieblichen Schein der Talglichter. Bezogen so viel Freude, die Herren, dass sie in einen schönen Streit gerieten, was sie dazu bewegte, mit Ofenbänken aufeinander loszugehen, sich unvergessliche Schläge beizubringen und sich gegenseitig in die entferntesten Ecken zu schmeißen, wobei die Freude immer weiter stieg.

Als dem Otto Mulz eine Schulter ausgerenkt wurde, verfiel man wieder ins Singen, sang von dem lieblichen Ereignis, und nach abermaligem Essen suchten die Herren auf dem Fußboden nach einem Festtagstraum.

Träumten angenehm bis zum nächsten Tag, lächelten sich innig zu beim Erwachen und stellten fest, dass man nicht bestohlen worden war um rechtmäßige und zustehende Freude.

Und nach solchen Versicherungen beschlossen sie, zurückzukehren in das ansprechende, wenn auch schmucklose Gefängnis, um unnötige Schwierigkeiten zu vermeiden.

Machten sich also auf, die beiden, und gelangten alsbald zum Ort ihrer Bestimmung, der bewacht wurde von dem Aufseher Baginski aus Sybba. Dieser Mensch jedoch, wachsam wie er war, entdeckte die Herren, als sie in der Dämmerung durchs Fenster steigen wollten, rief sie drohend an und kommandierte:

»Der Unfug«, befahl er, »hat an diesem Haus zu unterbleiben, zumal Weihnachten. Alle Personen zurück.«

Worauf mein Großonkelchen entgegnete: »Wir fordern nicht gerade, was recht, aber was billig ist. Wir gehören hierher. Wir sind, wenn ich so sagen darf, wohnberechtigt.«

Baginski lugte durch das Fenster, äugte eine ganze Zeit hinein, und dann sprach er:

»Die Betten, wie man sieht, sind besetzt. Die Herren schlummern. Da sie sich ausbedungen haben den Schlummer zum Festtag, hat jede Störung zu unterbleiben.«

»Ein Irrtum«, sagte Otto Mulz, dem die Kälte zuzusetzen begann. »Ein reiner Irrtum, Ludwig Baginski. Die Herren, die da schlummern, sind wir.«

»Wir möchten«, ließ sich mein Großonkel vernehmen, »die Schlafenden nur austauschen gegen uns.«

Ludwig Baginski, der Aufseher, blickte düster, blickte zurechtweisend, schließlich sagte er:

»Meine Augen«, sagte er, »sie sehen, was nötig ist. Und hier ist nötig Ruhe für zwei schlummernde Herren. Also möchte ich bitten um das, was gebraucht wird zur Erhaltung des Schlummers: nämlich Stille.«

Stellte sich, weiß Gott, gleich ziemlich drohend auf, dieser Ludwig Baginski, und zwang die Herren, abzuziehen. Nun, sie zogen davon bis zu den Baumstümpfen des ehemaligen Striegeldorfer Forstes, stellten sich zusammen, und da sie diesmal keinen Grund besaßen zu flüstern, vernahm man Otto Mulz folgendermaßen:

»Napoleon«, so vernahm man ihn, »hatte es schwer auf seinem Weg nach Russland. Verglichen mit unserer Schwierigkeit, war seine ein Dreck.«

»Man müsste«, sagte Matuschitz, »etwas ersinnen.«

»Mäuse«, sagte der alte Forstgehilfe. »Wir werfen Mäuse in das Zellchen, sie werden unsere Köpfe wegknabbern, und wenn wir nicht mehr da schlummern, wird man uns wieder reinlassen, und wir können in Ruhe abbrummen die letzten Wochen.«

»Auch die Mäuse, Otto Mulz, sind zu dieser Zeit angehalten zur Freude. Sie finden mehr als genug. Nein, wir müssen warten, bis Ludwig Baginski sich niederlegt zur Ruhe. Dann werden wir's noch einmal versuchen.«

Und das taten die Herren. Sie warteten frierend im ehemaligen Striegeldorfer Forst, und als die Stunde gut war und günstig, schlichen sie zum Gefängnis, stiegen diesmal unbemerkt ein, und waren gerade dabei, sich auf den Pritschen auszustrecken, als die Klappe in der Tür fiel und der Aufseher Baginski argwöhnisch hereinsah.

Es durchfuhr ihn, er grapschte in die Luft und taumelte zurück. Als sich die Benommenheit legte, rannte er nach dem Schlüssel, rannte zurück und schloss auf. Was er sah, waren zwei blinzelnde Herren auf ihren Pritschen.

Aber Baginski gab sich nicht zufrieden, respektierte keinen Schlummer und keinen Festtag, sagte stattdessen:

»Meine Augen, die sehen, was zu sehen ist. Und sie haben in diesem Zellchen erblickt vier Herren statt zwei. Demnach möchte ich bitten um Aufschluss über die zwei anderen.«

»Wir haben, wie gewünscht, angenehm geschlummert«, sagte Mulz.

»Aber es waren vier, wie meine Augen gesehen haben.«

Darauf sammelte sich mein Großonkelchen und sprach:

»Wenn ich mich, Ludwig Baginski, nicht irre, geschehen zu diesem Termin Wunder auf der ganzen Welt. Warum, bitte sehr, sollte Striegeldorf verschont bleiben von solchen Wundern? Besser, es geschieht ein Wunder als gar keins. Habe ich richtig gesprochen, Otto Mulz?«

»Richtig«, bestätigte der alte Forstgehilfe, und die Herren wickelten sich jeder in sein Deckchen und wünschten sich gute Nacht.

Siegfried Lenz

Teil 6

Die Weihnachtsgeschichte

¹ Es begab sich aber zu der Zeit, dass ein Gebot von dem Kaiser Augustus ausging, dass alle Welt geschätzt würde.

² Und diese Schätzung war die allererste und geschah zur Zeit, da Quirinius Statthalter in Syrien war.

³ Und jedermann ging, dass er sich schätzen ließe, ein jeder in seine Stadt.

⁴ Da machte sich auf auch Josef aus Galiläa, aus der Stadt Nazareth, in das jüdische Land zur Stadt Davids, die da heißt Bethlehem, weil er aus dem Hause und Geschlechte Davids war,

⁵ damit er sich schätzen ließe mit Maria, seinem vertrauten Weibe; die war schwanger.

⁶ Und als sie dort waren, kam die Zeit, dass sie gebären sollte.

⁷ Und sie gebar ihren ersten Sohn und wickelte ihn in Windeln und legte ihn in eine Krippe; denn sie hatten sonst keinen Raum in der Herberge.

⁸ Und es waren Hirten in derselben Gegend auf dem Felde bei den Hürden, die hüteten des Nachts ihre Herde.

⁹ Und der Engel des Herrn trat zu ihnen, und die Klarheit des Herrn leuchtete um sie; und sie fürchteten sich sehr.

¹⁰ Und der Engel sprach zu ihnen: Fürchtet euch nicht! Siehe, ich verkündige euch große Freude, die allem Volk widerfahren wird;

¹¹ denn euch ist heute der Heiland geboren, welcher ist Christus, der Herr, in der Stadt Davids.

¹² Und das habt zum Zeichen: Ihr werdet finden das Kind in Windeln gewickelt und in einer Krippe liegen.

¹³ Und alsbald war da bei dem Engel die Menge der himmlischen Heerscharen, die lobten Gott und sprachen:

¹⁴ Ehre sei Gott in der Höhe und Friede auf Erden bei den Menschen seines Wohlgefallens.

¹⁵ Und als die Engel von ihnen gen Himmel fuhren, sprachen die Hirten untereinander: Lasst uns nun gehen nach Bethlehem und die Geschichte sehen, die da geschehen ist, die uns der Herr kundgetan hat.

¹⁶ Und sie kamen eilend und fanden beide, Maria und Josef, dazu das Kind in der Krippe liegen.

¹⁷ Als sie es aber gesehen hatten, breiteten sie das Wort aus, das zu ihnen von diesem Kinde gesagt war.

¹⁸ Und alle, vor die es kam, wunderten sich über das, was ihnen die Hirten gesagt hatten.

¹⁹ Maria aber behielt alle diese Worte und bewegte sie in ihrem Herzen.

²⁰ Und die Hirten kehrten wieder um, priesen und lobten Gott für alles, was sie gehört und gesehen hatten, wie denn zu ihnen gesagt war.

²¹ Und als acht Tage um waren und man das Kind beschneiden musste, gab man ihm den Namen Jesus, wie er genannt war von dem Engel, ehe er im Mutterleib empfangen war.

QUELLENVERZEICHNIS

Bei einem Teil der hier nicht aufgeführten Beiträge liegen die Rechte bei den Autoren; in einigen wenigen Fällen ist es uns nicht gelungen, die Inhaber der Rechte ausfindig zu machen. Einige Beiträge wurden älteren Zeitschriften-Jahrgängen entnommen, die keinen Quellennachweis enthielten. Der Verlag dankt für Hinweise.

Textrechte

Eugen Roth, Der Gang zur Christmette,
aus: E. R., *Sämtliche Werke*, Band 4/5. Hanser Verlag, München 1977.
© Dr. Eugen Roth Erben, München.

»Der du die Welt geschaffen hast«,
aus: Rudolf Alexander Schröder, *Gesammelte Werke in fünf Bände*. Band I. Die Gedichte. © Suhrkamp Verlag Berlin und Frankfurt am Main 1952. Alle Rechte bei und vorbehalten durch Suhrkamp Verlag Berlin.

Grenzland Verlag, Wolfenbüttel:
Johannes Linke, Besuch in der Christnacht,
aus: *Ostdeutsche Weihnachten*

Axel Hambräus, Selma, die Aufwartefrau,
aus: Axel Hambräus, *die Grosse Freude*.
Sechs Weihnachtsgeschichten, Zürich 1957, 42–54
© 1957 Zwingli Verlag/Theologischer Verlag Zürich

Christian Kaiser Verlag, München:
Otto Bruder, Das Mütterchen,
© Chr. Kaiser Verlag, München

Friedrich Bahn Verlag GmbH, Konstanz:
Fritz Vincken, Zwischenfall im Hürtgenwald,
aus: *Wunder der Liebe*. Hrsg. H. Hartmann 1986
(Konstanzer Großdruck-Bücher)

Suhrkamp Verlag, Frankfurt: Rudolf Alexander Schröder,
Ein Weihnachtslied, aus: *Gesammelte Werke. Die Gedichte,*
© Suhrkamp Verlag, Frankfurt am Main 1952

Verlagsanstalt der Buchhandlung Bethel, Bielefeld:
Friedrich von Bodelschwingh, Das ist das Wunder der
Heiligen Nacht; Weihnachten ist das große Wunder;
Die Krippe von Bethlehem

Suhrkamp Verlag, Frankfurt: Rudolf Alexander Schröder,
Wir haben seinen Stern gesehen, aus: *Gesammelte Werke.*
Die Gedichte, © Suhrkamp Verlag, Frankfurt am Main 1952

Bo Giertz, In derselben Gegend, aus: *Mit eigenen Augen sehen*,
© Vandenhoeck & Ruprecht GmbH & Co. KG

Helmut Thielicke, »Ungewöhnliche Leute vor der Krippe«,
aus: Ders., *Der Christ im Ernstfall*. Das kleine Buch der
Hoffnung. Meditationen – Reflexionen
© Verlag Herder GmbH, Freiburg i. Br. 1981, S. 87 ff

Albrecht Goes, Die Stimmen der Anbetung, aus: ders., Gedichte.
© S. Fischer Verlag GmbH, Frankfurt am Main 2008

Arno Pötzsch, Weihnacht, aus: Arno Pötzsch, *Im Licht der Ewigkeit*. Geistliche Lieder und Gedichte. Gesamtausgabe. Leinfelden-Echterdingen: Verlag Junge Gemeinde (2008).

Arno Pötzsch, Vor der Weihnachtsmadonna von Stalingrad, aus: Arno Pötzsch, *Im Licht der Ewigkeit*. Geistliche Lieder und Gedichte. Gesamtausgabe. Leinfelden-Echterdingen: Verlag Junge Gemeinde (2008).

Taube, Maria Freiin v.: Otto von Taube, Du kommst noch heut in diese Welt

Ministerium für Arbeit, Gesundheit und Soziales, Düsseldorf: Henry Bordeaux, Das Opfer, aus: *Wunderbare Nacht*, 1960

Verlag Ludwig Bechauf, Bielefeld: Nikolai Lesskow, Der Gast beim Bauern, aus: *Seltsame Geschichten*, übers. V. J. Harder, Bielefeld 1957

Arno Pötzsch, Weihnacht will's nun wieder werden, aus: Arno Pötzsch, *Im Licht der Ewigkeit*. Geistliche Lieder und Gedichte. Gesamtausgabe. Leinfelden-Echterdingen: Verlag Junge Gemeinde (2008).

Ministerium für Arbeit, Gesundheit und Soziales, Düsseldorf: Siegfried Goes, Nun ist die Stunde kommen

Elisabeth Jachan: Heidi aus: »Wir wandern zur Krippe«, © Evangelische Verlagsanstalt, Berlin, 4. Aufl., 1966, S. 334.

Ostpreußenblatt, Landsmannschaft Ostpreußen,
Parkallee 84, 20144 Hamburg
Erminia von Olfers-Patocki, Karlchens Weihnachten

Ministerium für Arbeit, Gesundheit und Soziales, Düsseldorf:
Rita von Gaudecker, Dreißig Engel,
aus: *Komm, Trost der Welt* 1961

Ernst Kaufmann Verlag, Lahr:
Christa Schlüter, Die gestohlene Weihnachtsgans,
aus: Heidi Kaiser, *Erzählbuch zur Weihnachtszeit*, Verlag Ernst
Kaufmann, Lahr, und Christophorus Verlag, Freiburg 1986

Pommersche Landsmannschaft, Lübeck: Klaus Granzow,
Der Weihnachtshase, aus: *Leise rieselt der Schnee*,
Pommersche Weihnachtsgeschichten,
Kleine Reihe Bd. 1, 1996

Siegfried Lenz, Das Wunder von Striegeldorf,
aus: *Bethlehem ist heute*, Copyright © 1957 by Hoffmann und
Campe Verlag, Hamburg

Bildrechte

S. 118 (Stalingradmadonna): Lutherisches Verlagshaus GmbH,
© Kurt Reuber

S. 154 und 157 (Jesuskind und Altarbild der Lübener Kirche):
© Rudolf Irmler

Cornelia Mack

Das große Weihnachtsbuch

Gebunden, 21,0 x 27,0 cm, 200 Seiten
Nr. 395.084,
ISBN 978-3-7751-5084-2

Ein Prachtband, der Ihre Erinnerungen weckt und Ihnen Vorfreude be-
schert.
Voll von Ideen, Bräuchen, Geschichten und Liedern regen die 200 Seiten
dazu an, Weihnachten mit allen Sinnen zu erleben.
Mit vielen Abbildungen und stimmungsvollen Fotos!

Gerhard Schnitter (Hrsg.),
Cornelia Mack (Hrsg.)

Freut euch der Retter ist da – Liederheft

Geheftet, 14,8 x 21,0 cm, 96 Seiten
Nr. 395.398,
ISBN 978-3-7751-5398-0

Überarbeitete und erweiterte Neuauflage der beliebten Liedersamm-
lung mit mehr als 70 der bekanntesten Advents- und Weihnachtssongs
zum Mitsingen – inklusive Noten und Gitarrengriffen. U. a. mit »Stille
Nacht«, »O du fröhliche« und vielen weiteren Klassikern.

Bitte fragen Sie in Ihrer Buchhandlung nach diesem Buch und Liederheft!
Oder schreiben Sie an: SCM Hänssler, D-71087 Holzgerlingen;
E-Mail: info@scm-haenssler.de; Internet: www.scm-haenssler.de